国际中文教育及人才培养研究

许宝丹 ◎ 著

吉林出版集团股份有限公司

图书在版编目（CIP）数据

国际中文教育及人才培养研究 / 许宝丹著. —长春：吉林出版集团股份有限公司，2023.5
ISBN 978-7-5731-3183-6

Ⅰ. ①国… Ⅱ. ①许… Ⅲ. ①汉语—对外汉语教学—人才培养—研究 Ⅳ. ①H195

中国国家版本馆CIP数据核字（2023）第072647号

国际中文教育及人才培养研究

GUOJI ZHONGWEN JIAOYU JI RENCAI PEIYANG YANJIU

著　　者	许宝丹
责任编辑	曲珊珊
封面设计	林　吉
开　　本	787mm×1092mm　1/16
字　　数	222千
印　　张	10
版　　次	2023年5月第1版
印　　次	2023年5月第1次印刷
出版发行	吉林出版集团股份有限公司
电　　话	总编办：010-63109269
	发行部：010-63109269
印　　刷	廊坊市广阳区九洲印刷厂

ISBN 978-7-5731-3183-6　　　　　　　　　定价：78.00元
版权所有　侵权必究

前　言

现如今是一个不断全球化的时代，各国的经济、信息等都在形成一种合力。汉语言文化作为我国传统文化中重要的组成部分，在新时期也具有相应的变化，其能够显示历史发展背景，展示中华民族历史的风采。

汉语国际教育专业旨在培养社会需求的具有汉语教育教学能力的专业人才，它是以中国学生为培养对象，以提升和优化学生的教育教学能力以及专业素养等为教学目标的一种教学任务。为更好地提升汉语国际教育专业人才培养工作的整体质量，为全方位推动这一专业的发展与完善，应该积极构建科学的人才培养模式，切实提升人才培养工作的整体成效。

本书重点探讨了国际中文教育与人才培养，首先概述了中文国际教育的基本内容，然后详细地分析了国际中文教育的历史、现状与未来，接着重点探讨了高校汉语国际教育的师资养成、汉语国际教育课堂教学以及汉语作为第二语言的习得，最后在国际中文教育新型教学观念和意识的培养以及国际中文教育专业建设与人才培养方面做出重要探讨和分析。

本书在撰写时参阅了一些学者的成果，在此一并向各位学者表示衷心感谢。鉴于作者经验、水平有限，加之时间仓促，书中难免存在疏漏或不妥之处，恳请读者不吝赐教，以便使本书更趋于完美。

目 录

第一章　中文国际教育综述 ·· 1
第一节　汉语国际教育的内涵、特征与类型 ··· 1
第二节　汉语国际教育的总体背景 ·· 17
第三节　汉语国际教育市场分析 ·· 30

第二章　国际中文教育的历史、现状与未来 ·· 35
第一节　国际中文教育的历史回顾 ·· 35
第二节　国际中文教育现状 ·· 39
第三节　高校汉语国际教育的发展趋势 ·· 45

第三章　高校汉语国际教育的师资养成 ·· 48
第一节　高校汉语国际教育师资观念与意识的培养 ·· 48
第二节　高校汉语国际教育师资培养中的教师培养 ·· 55
第三节　高校汉语国际教育师资教学评估能力的培养 ···································· 70
第四节　高校汉语国际教育师资培养过程中的文化培养 ································ 75

第四章　汉语国际教育课堂教学 ··· 80
第一节　听力教学 ·· 80
第二节　口语教学 ·· 89
第三节　阅读教学 ·· 95
第四节　写作教学 ·· 102

第五章　汉语作为第二语言的习得 ··· 108
第一节　美洲学生汉语习得 ·· 108
第二节　欧洲学生汉语习得 ·· 110
第三节　亚洲学生汉语习得 ·· 113

第六章　国际中文教育新型教学观念和意识的培养 ……………………………… 119

第一节　教学观念变革和落实"以学习者为中心"理念 …………………… 119
第二节　专业发展中教学理论和教学能力的培养 ………………………… 122
第三节　以建构主义理论新认知促进国际中文教育师资培养 …………… 125
第四节　国际中文教育师资培养待解决的认知偏差问题 ………………… 128

第七章　国际中文教育专业建设与人才培养 …………………………………… 136

第一节　"双一流"背景下国际中文教育本科专业建设 …………………… 136
第二节　国际中文教育人才培养需重视的问题 …………………………… 140
第三节　国际中文教育质量标准和质量保障建设 ………………………… 144

参考文献 …………………………………………………………………………… 152

第一章 中文国际教育综述

　　汉语国际教育（Teaching Chinese to Speakers of Other Languages）的明确提法最早见于《汉语国际教育硕士专业学位设置方案》。2007年3月，国务院学位委员会办公室批准试办汉语国际教育硕士专业学位教育。2008年，汉语国际教育被列入一级学科"中国语言文学"之下的二级学科。作为一个名词性短语，"汉语国际教育"一度成为高等教育尤其是语言教学领域的高频词。但作为一个学科概念，汉语国际教育的内涵究竟是什么？具备哪些特征？怎样分类？学界对此尚未形成统一意见，这直接导致学者们在各自所认为的汉语国际教育概念下开展工作，研究和实践变得非常宽泛、繁杂。汉语国际教育的"模糊边界"理应得以明确，其相应的概念及体系理应得到统一，这是开展汉语国际教育理论探究和实践探索的基础。

第一节　汉语国际教育的内涵、特征与类型

一、汉语国际教育的内涵

（一）汉语国际教育概念的提出及其相关概念

　　汉语国际教育是近年来广泛见诸高等教育领域的一个新兴概念。单从名词术语来看，汉语国际教育有据可考的第一次提出可追溯到2007年3月30日国务院学位委员会第二十三次会议审议通过的《汉语国际教育硕士专业学位设置方案》。该方案提出："为提高我国汉语国际推广能力，加快汉语走向世界，改革和完善对外汉语教学专门人才培养体系，培养适应汉语国际推广新形势需要的国内外从事汉语作为第二语言/外语教学和传播中国文化的专门人才，决定在我国设置汉语国际教育硕士专业学位。"与此同时，该方案对汉语国际教育做出阐释："汉语国际教育，是指面向海外母语非汉语者的汉语教学。""汉语国际教育"这一名称的确立，既能体现"加快汉语走向世界"的内涵，又有别于国内双语教学中的汉语教育，还可避免"推广"一词可能引发的负面影响。

　　汉语国际教育既是一种新的名称表述，也是一个复杂的研究领域。对汉语国际教育这一概念的理解，需要从其源头上加以探究，厘清与之相关的各概念。

1. 对外汉语教学

对外汉语教学（Teaching Chinese to Foreigners）这一概念最早见于1982年，当前仍被广泛使用。按《中国大百科全书：语言文字》的解释，对外汉语教学是指对外国人的汉语教学。对外汉语教学也包括了对母语非汉语的海外华裔进行的汉语教学。对外汉语教学这一表述更多地着眼于中国国内的教学对象，在国外的适用性不强。例如，这一活动在中国范围内，对非中国国籍的人来进行，我们就可以说是对外汉语教学；但如果这一活动放到国外进行，如在美国教美国人学习汉语，这个时候采用对外汉语教学的表述就容易产生歧义，且其准确性值得商榷。当然，对外汉语教学这一概念的提出有其特定的历史原因。20世纪80年代，学界在使用"对外汉语教学"时考虑的学习对象主要是到中国学习的外国人，即在中国范围内由中国人教授外国人学习汉语。

2. 汉语教学

如上所述，对外汉语教学难以为国外的汉语教学活动所使用，因此，这一活动在不同国家有不同的名称表述，如在美国被称为"中文教学"，在日本被称为"中国语教学"。"汉语教学"（Chinese Teaching）可以跟国内对母语为汉语者的"中文教学"（对本民族中小学的汉语书面能力和汉语知识的教学，学习者可以用口头汉语交际）区别开。这个名称与国际组织"世界汉语教学学会"及其会刊《世界汉语教学》，以及连续9届的"国际汉语教学研讨会"名称相符，目前在一些国际场合使用较多。但是，"汉语教学"这一表述容易与国内的母语教学混淆，因此，常常需要在前面加上"世界""国际"等词加以限制，使用起来受限较多。

3. 华语（华文）教学

华语（华文）教学（Chinese Teaching），我国台湾地区称为"华语文教学"，主要指对海外华裔子弟（包括有或者没有居住国国籍者）的汉语教学。学习者虽然在国外学习汉语，没有国内的汉语环境，但是他们的家人或周边环境中有些人使用汉语，尽管可能不是普通话，因此，他们的学习环境既不是典型的目标语（汉语）环境，也不是典型的非目标语环境。由于血缘关系，学习者跟中国有着千丝万缕的联系，他们的学习内容既有汉语，又有大量中国文化传统知识；对非华裔的汉语教学，则没有这么多中国文化知识。这个名称的局限性在于难以将非华裔的汉语教学包含进去。有一些学习者从广义上理解这个名称，认为"华语"源自"中华"，使用历史相当久远，因此，可以用"华语教学"指称海外的汉语教学。

4. 汉语作为第二语言的教学

汉语作为第二语言的教学（Teaching Chinese as a Second Language），简单理解就是将汉语作为第二语言来进行教学。这一名称在对外汉语的学理研究中使用广泛，因其使用地点、场合的普适性，所以无论在国内还是在国外都可以使用。这一表述的不足之处主要在于两点：第一，名称表述过长，不太符合汉语语法表达习惯，以致使用起来不太方便；第二，意思上包含了对国内少数民族的汉语教学。

5. 对外汉语

一些学者认为，外国人说的汉语有自己的系统，与我们中国人母语说的汉语不同。在外国人眼里，对外汉语（Chinese as a Second Language）可以算是一种与中国人所说的汉语相异的独特汉语，如英语作为"对外英语"等。英语作为二语教学也常常被称为"English as a Second Language"。美国一些大学有"Department of English as a Second Language"，但其中并没有"教学"的字样。北京语言大学的"对外汉语研究中心"是我国该专业唯一的教育部人文社会科学重点研究基地，也有一些大学的专业学院用这个名称命名，但有学者认为这个名称显示不出"教学"的特点。

6. 对外汉语教育学

一些国家把本国语言的二语教学称为"教育"。例如在日本，"国语教育"是面向国内母语者的，"日本语教育"是面向国外非母语者的。对外汉语教育学不但强调"教育"的丰富内涵，而且有一个"学"字，突出学科研究的任务。但有学者认为，语言教学很难承担对德、智、体、美等综合素质的培养，尤其是面向境外的非母语者。

7. 汉语作为外语的教学

"汉语作为外语的教学"（Teaching Chinese as a Foreign Language）这一名称的使用主要基于两个原因：第一，汉语对学习者来说基本上都是外语，可以将国内少数民族的汉语教学排除出去；第二，不少学者认为，"汉语作为第二语言教学"的名称不够准确。在目标语（所学语言）环境里学习的语言才叫"第二语言"，如在中国汉语环境里学习的汉语；在非目标语环境里学习的语言叫"外语"，如在外国非汉语环境里学习的汉语。目前，在非目标语环境里学习汉语者占绝大多数。因此，"汉语作为外语的教学"这一提法的不足之处在于未能涵盖中国国内目标语言环境中的汉语教学。

8. 对非母语者的汉语教学

对非母语者的汉语教学（Teaching Chinese to Speakers of Other Languages）可以涵盖"汉语作为第二语言的教学"和"汉语作为外语的教学"。国务院学位委员会有过类似的表述，其不足之处是可能会将中国国内少数民族的汉语学习包含在内。

9. 国际汉语

前面提到，目前有"对外汉语教学"的名称，也有"对外汉语"的名称。后者并没有否定"教学"，只是更强调汉语作为第二语言的特殊性质。"国际汉语"（Teaching Chinese to Speakers of Other Languages）的名称也并没有否定"教育"，它不但强调海外作为非母语使用的汉语的特殊性，而且强调在国际交往中汉语使用的特殊性。中国国家汉语国际推广领导小组办公室（以下简称国家汉办）在2007—2008年组织研制并发布的三个有关汉语国际教育的标准化文件都是以"国际汉语"开头的，即《国际汉语教师标准》《国际汉语能力标准》和《国际汉语教学通用课程大纲》。

如上概念在内容上、内涵上与汉语国际教育有着千丝万缕的联系，但这几者并不完全等同。上述每一个概念的提出都有其特定的历史背景，且在既定的历史背景下具有合理性和科学性。然而，随着外部环境的变化，以及教学活动的演进和内容更迭，这些名称也表现出一定的不适应性。以"对外汉语教学"这一表述为例，借用北京语言大学崔希亮教授的理解，"对外汉语教学"刚出现的时候指的是"对外国人进行的汉语教学"，不管是在国内还是在国外，只要是汉语作为第二语言教学，都可以称为"对外汉语教学"。因此，也有人建议把这门学科更名为"汉语作为第二语言的教学"或者"汉语作为外语的教学"。今天，我们用"对外汉语教学"来指称对来华留学生进行汉语教学，这样就把这个名称狭义化了。不仅如此，现实中的对外汉语教学在招生对象上既有国外学生，又有国内学生，显然与对外汉语教学是"对外国人的汉语教学"的本意有较大出入。

部分学者用"对外汉语教学"来指称"在国内对来华留学生进行的汉语教学"，用"汉语国际教育"指称"在海外把汉语作为外语的教学"。这种区分虽然在理论上、实践上及意义上高度接近现实，但若对汉语国际教育的内涵和内容进行进一步界定和认识，就会发现其仍有改进和延伸理解的余地。我们认为，对汉语国际教育的深层理解，还应该从其内涵上进行进一步探析。

（二）基于现有释义的汉语国际教育基本内涵分析

在通常意义上，"教育"一词被定义为一种培养人的活动，而汉语国际教育冠以"教育"之名（作为一种教育，或者说一类教育活动的总称），其也可以被认定为一种以汉语（文）教学为核心的培养人的活动。如此一来，对汉语国际教育内涵的理解，也就可以依照教育问题探讨的一般范式展开，系统考虑其基本概念、施教主体、受教对象、教学材料等内部各要素。

《汉语国际教育硕士专业学位设置方案》明确提出"汉语国际教育是指面向海外母语非汉语者的汉语教学"。从这一阐释对汉语国际教育内涵的理解，其中心节点在于把握"海外"这一概念。"海外"一词最早见于《吕氏春秋通诠·审分览·审分》，本义为"四海之外，泛指边远之地"。演进及今，"海外"一词大多与"国外"作同义理解，并相互通用，具有对象指向的国家主体性和地域指代的相对性。例如，以"中国"为主体，"中国区域之外"就是"海外"。

"汉语国际教育是国家软实力建设的一个有机组成部分"，其从国家汉语推广战略演进而来，虽然汉语国际教育的目的在于汉语传播和中国文化在世界范围内的相互交流，但作为一项国家事业，这一活动本身具有明显的主、客体之分。将前述"海外"一词还原到本研究所探讨的汉语国际教育主题中，因为这一动作是由中国（国家汉办/孔子学院、具备汉语国际教育资格的机构及高等学校）发出，故其施教主体即"中国"，所以在这里，"海外"指的是"非中国区域"。依此类推，汉语国际教育定义中的"面向海外"就等同于"面向世界范围内的非中国区域"。进一步来看，汉语国际教育中的"海外"一词是用来修饰"母语非汉语者"的，其展开的全部含义为"海外的母语非汉语者"，即它是"面向非中国区域的母语非汉语者（有别于国内的双语教学）"，而不包括"中国区域内的母语非汉语者"。

基于上文对汉语国际教育现有释义的展开理解，围绕"动作发出主体（施教主体）、动作发生地、动作指向对象（受教主体）、教学材料"四个维度，可对汉语国际教育的现有释义作相应理解（见图 1-1）。

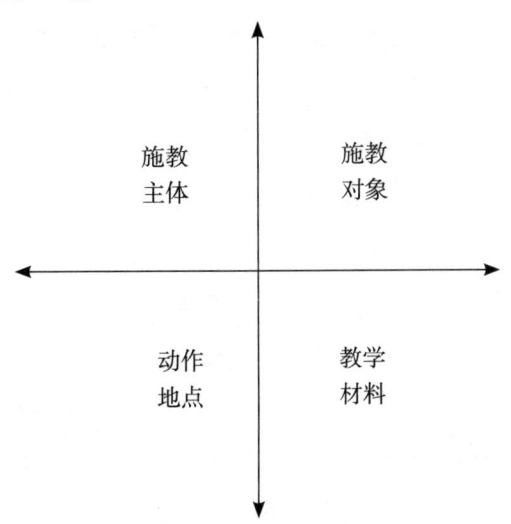

施教主体	施教对象
动作地点	教学材料

图 1-1 汉语国际教育内涵展开的四个基本维度示意图

第一个维度，汉语国际教育的动作发出主体（教育者）是谁？因为汉语国际教育是面向海外母语非汉语者进行的，因此，这一动作的发出主体是汉语教学资源的持有者，是汉语国际教育活动的组织者、设计者、实施者。往大处讲，汉语国际教育是一项国家事业，其组织者、设计者是"国家（中国）"；往小处讲，汉语国际教育是一种汉语（文）的教学，其组织者、设计者、实施者是课堂上的汉语教师（汉语掌握者）。而本研究以探讨高等教育领域内的汉语国际教育为主，所以其汉语国际教育的设计者、组织者、实施者更多地应从教育组织实体方面来加以理解，如高等学校、孔子学院（孔子课堂）及其他正规的汉语教学组织等。

第二个维度，汉语国际教育的动作发生地在哪儿？汉语国际教育强调的是对海外的母语非汉语者进行，并未对动作发生地作特别规定，故汉语国际教育的动作发生地既可以是中国，也可以是非中国的地域。只要是面向海外母语非汉语者进行的汉语教学，无论动作发生地是否在中国，其都属于汉语国际教育的范畴。从这个意义上看，无论是把外国人请进来学习汉语，还是主动走出去教外国人学习汉语，都属于汉语国际教育。

第三个维度，汉语国际教育的动作对象指向是谁？汉语国际教育针对海外母语非汉语者进行，顾名思义，其动作对象指向是非中国国籍的母语非汉语的人群。结合现实来看，国务院学位委员会关于《汉语国际教育硕士专业学位设置方案》中做出"海外母语非汉语者"的释义，其主要是为了同国内对少数民族进行的双语教学区分开来。

第四个维度，汉语国际教育这一活动的教学材料是什么？汉语国际教育强调"汉语教学"，教学材料无疑就是"汉语"。语言文字作为文化的载体，是实现文化教育和文化传递的手段。从更深层次来看，汉语国际教育的教学材料不仅仅指汉语本身，还包括丰富的中国文化和中华文明。

综合以上四个维度的分析及理解，我们可将汉语国际教育理解为一种特殊的教学活动，其以汉语教学组织实施者为施教主体，以海外母语非汉语者为施教对象，以汉语（文）为基本内容。

（三）汉语国际教育内涵理解的其他问题

在对汉语国际教育基本内涵分析的基础上，从汉语国际教育与对外汉语专业教育的关系比较、汉语国际教育与来华留学生教育的关系比较等三个方面，我们继续针对汉语国际教育内涵理解的一些其他问题展开讨论，以进一步深化对汉语国际教育的理解。

1. 汉语国际教育与汉语国际教育硕士专业学位教育的相关性分析

对汉语国际教育硕士专业学位教育与汉语国际教育两者相关性的认识，有助于我们深化对汉语国际教育内涵的理解，更为理性地对待汉语国际教育。硕士专业学位教育实践《汉语国际教育硕士专业学位设置方案》明确提出：汉语国际教育硕士专业学位教育以培养"适应汉语国际推广工作、胜任多种汉语教学任务的高层次、应用型、复合型专业教学人才"为目标。学位获得者应具有熟练的以汉语作为第二语言教学的技能和良好的跨文化交际能力。在招生对象及入学考试上，汉语国际教育硕士专业学位教育的招生对象一般为学士学位获得者，具体包括以下三种类型：大学本科应届毕业生；具有学士学位或同等学力、有志于从事汉语国际推广工作的人员；海外具有同等资质的汉语教师或专业人员。在入学考试上，汉语国际教育硕士专业学位教育入学考试采用全国统考或联考、笔试与面试相结合的方式，着重考核学生的综合素质、专业能力和专业基础知识等。

在培养方式上，汉语国际教育硕士专业学位教育采取指导教师负责制或导师指导与集体培养相结合的方式。课程学习与对外汉语教学实践紧密结合，学生在导师的指导下参加国内或国外的汉语教学或辅助教学工作，以加强对其教学实践能力的培养。在组织与实施上，汉语国际教育硕士专业学位由国务院学位委员会办公室、教育部学位管理与研究生教育司会同国家汉语国际推广领导小组办公室统筹各方面的力量，根据国务院办公厅转发的《关于加强汉语国际推广工作的若干实施意见》提出的汉语国际推广总体目标、发展规划及海内外市场需求，制订汉语国际教育硕士专业学位培养计划，做好汉语国际教育硕士专业学位的组织、宣传、招生等工作；在汉语国际教育硕士培养、教学实习、就业等方面提供政策支持，并按教育部颁布的《汉语作为外语教学能力认定办法》（教育部令第19号）为毕业生颁发"汉语作为外语教学能力证书（高级）"进行落实。此外，为保障汉语国际教育硕士专业学位教育质量，还成立了全国汉语国际教育硕士专业学位教育指导委员会，负责制定《汉语国际教育硕士专业学位指导性培养方案》和教学大纲，编写或推荐教材和参考用书，加强对招生、培养、学位授予和质量评估等各环节的指导、管理与监督。

　　针对前述的汉语国际教育内涵理解而言，汉语国际教育硕士专业学位教育不能算是完全意义上的汉语国际教育，因为虽然其动作发出主体、动作发生地符合汉语国际教育的质性规定，但其动作对象指向显然与汉语国际教育不完全相符。汉语国际教育硕士专业学位教育的动作指向对象，其实质就是招生对象。汉语国际教育硕士专业学位教育的招生对象一般为学士学位获得者，具体包括三类：大学本科应届毕业生；具有学士学位或同等学力、有志于从事汉语国际推广工作的人员；海外具有同等资质的汉语教师或专业人员。分析这三类人员，从当前国内汉语国际教育硕士专业学位教育的实际情形来看，其受教育的对象多为中国国籍的人群，且其母语亦为汉语。以此来看，当前所说的汉语国际教育硕士专业学位教育不属于完全意义上的汉语国际教育。当然，汉语国际教育硕士专业学位教育也招收一定数量的外国学生，按前述的汉语国际教育内涵理解，其理应被归类到汉语国际教育中。可见，汉语国际教育硕士专业学位教育的受教对象并不一定完全符合汉语国际教育的要求，只有当受教对象是那些以非汉语为母语（且非中国国籍）的人时，其才能称为汉语国际教育。所以基于对前述的汉语国际教育内涵的理解，汉语国际教育硕士专业学位教育并不是真正意义上的汉语国际教育，而是汉语国际教育师资培养的一种手段。

　　2. 汉语国际教育与对外汉语专业教育的相关性分析

　　对外汉语专业教育与汉语国际教育两者的相关性分析，是汉语国际教育内涵深化理解的重要基础。

　　对外汉语教学，是指对外国人的汉语教学，它也包括了对母语非汉语的海外华裔进行的汉语教学。在现阶段，对外汉语教学在汉语国际推广体系中占有极为重要的地位。对外汉语教学的类型、层次是多元化的，而对外汉语专业教育具有鲜明的层次性、目标性、规范性和专门性特点，是汉语国际教育的重要组成部分。现将其做如下比较：

　　首先，从施教主体上看，汉语国际教育和对外汉语专业教育，其施教主体都是汉语教学的组织实施者。但具体来看，汉语国际教育通过多种不同载体，以汉语培训、汉语（文）学习和中国文化传播为主，对教学形式、教学层次的要求相对宽松；而对外汉语专业教育则长期在高等学校中存在，更多属于有组织的正规学校教育，在教学内容、教学层次、修业年限、修业水平等方面有相对严格的规定。其次，从施教对象上看，汉语国际教育的施教对象是海外母语非汉语者；而对外汉语专业教育的施教对象更多的是那些有志于面向外国人从事汉语教学的中国人（不排除其中有少数的非中国国籍的母语非汉语者）。最后，从名称确立的时间和背景上看，汉语国际教育这一名称最早见于2007年，是在我国语言文化推广战略实施的背景下提出的；而对外汉语的名称表述则在20世纪就已出现，是在改革开放后我国来华留学生教育事业不断恢复和发展的背景下提出的。对外汉语教学译为"Teaching Chinese to Foreigners",在这个对外名称的表述中,"教学"对应英语的"Teaching";而汉语国际教育则译作"Teaching Chinese to Speakers of Other languages",在这个国务院学位委员会给定的对外名称中,"Teaching"对应的是"教育"一词,而非"教(教学)",从"教(教学)"到"教育",其内涵差异可见一斑。我们认为,这种对外名称表述的差异,一方面反映了汉语国际教育与对外汉语教学的差别;另一方面也折射出汉语国际教育与对外汉语教学的联系。

基于上述分析,联系汉语国际教育"一种特殊的教学活动,其以汉语教学组织实施者为施教主体,以海外母语非汉语者为施教对象,以汉语(文)教学为教育内容的汉语教学活动"的内涵理解,我们不难发现,对外汉语专业教育和汉语国际教育的组织形式有所不同,前者被限定在高等学校内进行,组织形式单一,而后者则有多种不同的组织形式、多个不同的实施载体;在教学内容上,汉语国际教育以汉语(文)教学为主,而对外汉语专业教学除了学习汉语(文)知识以外,还要掌握汉语教学的教学技能和教学方法。因此,对外汉语专业教育和汉语国际教育既有联系,又有差别。

3. 汉语国际教育与来华留学生教育的相关性分析

来华留学生教育,简而言之,即对来华的非中国国籍的留学生进行的教育,其有学历教育、非学历教育等不同的形式分类。在不同的形式下,其教学内容也不相同:对于非学历教育的学生而言,其教学内容更多地集中在汉语学习上;而对于学历教育的来华留学生教育而言,其教学内容更多的是一种专业学习,如管理科学与工程专业的学习、临床医学专业的学习等。

从施教主体、施教对象、学习内容等方面展开,可将汉语国际教育与来华留学生教育做如下对比:首先,从施教主体来看,汉语国际教育的施教主体为汉语教学的组织实施者,而来华留学生教育的施教主体则不一定是汉语教学的组织实施者,尤其是在学历教育层次的来华留学生教育中,除那些专门攻读中文等专业的学历教育生以外,其他来华留学生教育的施教主体更多的是某一相关知识领域的教学组织实施者;从施教对象来看,汉语国际教育和来华留学生教育的施教对象是相同的;从教学内容来看,学历教育中的中文或汉语言等专业教育的教学内容和汉语国际教育相同,而学历教育中的其他专业教育的教学内容则与汉语国际教育不尽相同。因此,从总体上看,来华留学生教育和汉语国际教育存在一定的差异,除来华留学生教育中的汉语教学部分,其余的来华留学生教育与汉语国际教育是不同的。

(四)汉语国际教育内涵再认识

前述分析使我们明确了汉语国际教育的主体、对象等内容,但在这些内容之外,由于概念表述得简略,依旧存在制约我们理解汉语国际教育的模糊区域,容易造成人们在汉语国际教育理解上的偏差,进而影响对汉语国际教育内涵的认识。

1. 汉语国际教育概念的理解偏差

从国务院学位委员会的现有释义展开，如果将汉语国际教育理解为"针对非中国区域内的母语非汉语者进行的汉语教学活动"，就容易让人产生诸多模糊认识和困惑。例如，当前在中国境内已经取得中国国籍的母语非汉语者的汉语学习是否属于汉语国际教育？汉语国际教育是否必须以中国为动作发出主体？普通民众是否可以在这种实践活动中获得代表国家的资格？（由中国人在国外大学开设的汉语课程、中国人对国外母语非汉语者进行一对一汉语教学、东南亚国家的华文教育是否应该归属汉语国际教育的问题）汉语国际教育的内容、层次、形式如何界定？是专属于高等教育领域，还是囊括从简单的汉语识字到汉语语言研究的所有层次？这些认识都是在汉语国际教育实践中需要进一步明确的。汉语言断句习惯产生的歧义，也会给汉语国际教育的理解带来一定的偏差。国务院学位委员会《汉语国际教育硕士专业学位设置方案》对汉语国际教育的释义无疑是认识、理解汉语国际教育的重要学理依据。但在汉语语言习惯的影响下，人们习惯于从"面向海外"或"面向海外母语非汉语者"几个地方将句子断开。不同的断句其意义大相径庭，极易造成对汉语国际教育内涵的模糊认识和错误解读。例如，以"面向海外"为界，人们很容易错将汉语国际教育理解为"面向海外（动作发生地在中国）进行"，误以为只有在中国地域内进行的，针对"海外的母语非汉语者"的汉语教学才算是汉语国际教育。这样一来，作为当前我国汉语国际推广重要形式的孔子学院就被排除在汉语国际教育之外，明显背离了汉语国际教育这一国家事业的本质。事实上，孔子学院无疑是汉语国际教育的主要形式之一。早在国家提出汉语国际推广战略之初，孔子学院就作为一种"走出去"的重要的汉语国际推广方式而存在；在汉语国际教育这一名称正式确立之后，孔子学院更是在相当程度上充当了汉语国际教育的生力军。如果基于国务院学位委员会给定的汉语国际教育释义，并按照传统的汉语言断句习惯进行断句，这种歧义就是显而易见的。当然，这种因语言断句习惯所产生的理解偏差是因人而异的。之所以在本研究中将其明确提出来，是要尽可能完备地呈现每一种汉语国际教育理解偏差的可能，以使本书所提的汉语国际教育理解言之有理。

2. 汉语国际教育内涵再认识

在国务院学位委员会现有释义的基础上，通过对施教主体、施教对象、教学材料、动作地点的四维分析，并与现实中相关教学活动的相关性分析相结合，我们进一步展开对汉语国际教育内涵的再认识。

（1）基于活动主体的汉语国际教育再认识

首先，从汉语国际教育的动作发出主体来看，因为汉语国际教育是面向海外母语非汉语者进行的，这一动作的发出主体是"中国"，即只有"中国"这一特定的动作发出主体对"非中国区域内的母语非汉语者"进行的汉语教学活动才能称为汉语国际教育；其次，从汉语国际教育的动作发生地来看，汉语国际教育强调对"海外母语非汉语者"进行，故动作发生地既可以是中国，也可以是非中国地域，即只要是由中国这一主体发出的、面向海外母语非汉语者的汉语教学，无论动作发生地是否在中国，其都属于汉语国际教育。从汉语国际教育的动作对象来看，汉语国际教育针对海外母语非汉语者进行，顾名思义，其动作对象指向是非中国国籍的母语非汉语者；最后，从汉语国际教育的教学材料来看，汉语国际教育其实是汉语文国际教育。"汉语国际推广的目的是使国外学习者通过学汉语达到对中国文字、文化、文学、文章技法的把握。"所以，我们的汉语国际推广，即"汉语文"是汉语国际教育的基本教学材料。

（2）基于语言学的汉语国际教育再认识

从语言学的角度来看，中文语句的核心是"主谓"成分或者"主谓宾"成分，句中修饰性、限定性成分的省略无碍于人们对句子的理解。在"汉语国际教育是指面向海外母语非汉语者的汉语教学"这一释义中，主语是"汉语国际教育"，谓语为"是"，宾语是"汉语教学"，去掉其中的限定性表达即为"汉语国际教育是汉语教学"。"教育"与"教学"是两个非等同的概念。教育泛指一切培养人的活动，教学（狭义）专指课堂上教师的"教"和学生的"学"的活动。

从这个意义上看，将汉语国际教育与汉语教学相对等的提法显失合理。我们的理解是汉语国际教育理应被看作一个专门的知识领域，走专业化发展道路是提高汉语国际教育水平的重要途径。它是多种汉语教学形式、多个汉语教学层次、多种汉语教学类别的综合体，可以囊括从小学到研究生教育的所有层次，包括语言培训、汉语文研究等多个形式，可以依托孔子学院（孔子课堂）、高等学校等不同的载体展开。

（3）基于发展目标的汉语国际教育再认识

这一概念的提出并非为世界范围内的汉语教学找到一个共同的概念，而是在于探寻一种与"请进来"相结合的、以"走出去"为主的汉语教学模式，服务于国家汉语国际推广战略。从这个意义上看，汉语国际教育并非对外汉语教学的高级阶段，而是对外汉语教学的一种延伸。汉语国际教育与对外汉语教学是一个体系的两个方面，具有多样化、多层次、普及型的教学形式特征。

综上所述，在汉语国际教育的理解上，我们理应保持一种认识：汉语国际教育这一提法是从国家的汉语国际推广战略中发展而来的，以"汉语国际教育"替代"汉语国际推广"的名称表述，并非为了给世界上各种各样的汉语教学找一个统一的名称。作为一种学理探讨，我们不能将汉语国际教育与当下世界范围内所有的汉语教学等同起来，而是理应将汉语国际教育的概念理解和内涵认识纳入国家语言文化推广的战略背景下，从实然状态上把握其本质。综合来看，在狭义上，汉语国际教育可理解为"一种以汉语教学组织实施者为施教主体，以海外母语非汉语者为施教对象，以汉语（文）教学为基础的特殊汉语教学活动"；在广义上，汉语国际教育可理解为以在海外对母语非汉语者实施的汉语教学（主要为孔子学院、孔子课堂等组织机构实施的汉语教学）、中国高校来华留学生汉语教学（包括非学历教育的语言培训和学历教育的相关汉语教学）、对外汉语人才的培养（主要包括面向中国学习者的各类对外汉语专业教育，如对外汉语本科、汉语国际教育硕士专业学位等）及机构培训（以海外母语非汉语者为对象的汉语培训）等为主要内容的多种汉语教学活动的总称。只要满足了汉语国际教育的本质要求，即推广中国文化、传播中华文明，无论是以远程教育、函授教育、一对一汉语培训的形式进行，还是以高等学校、孔子学院和孔子课堂及机构培训的模式展开；无论是低层次的汉语培训、语言学习，还是较高层次的专业人才培养及汉语文研究，都是汉语国际教育的有机组成部分。

二、汉语国际教育的特征

（一）教育对象的特殊性

汉语国际教育针对海外母语非汉语者进行，在一般情况下，相对于中国而言，其学习对象是外国人，这与我们通常所说的其他教育存在明显差别。这一方面与国家发展汉语国际教育的目的有关，另一方面体现了汉语国际教育"走出去"推广中国文化、传播中华文明的价值导向。汉语国际教育对象的特殊性正是由此产生的。不仅如此，具体到高等学校一个班级、孔子学院一个班级的汉语国际教育来看，其受教对象在一个班上的年龄差异、学习动机差异、原有的知识水平差异、学习心理差异等普遍存在。例如，有的学习者可能是小学生、家庭主妇，他们没有汉语基础，因喜欢汉语而接受汉语国际教育；有的学习者可能是跨国企业或国际商贸领域的从业者，他们有一定的汉语基础，出于提升汉语交际能力的需要前来学习；有的学习者则可能是中国文化研究者，因对中国文化感兴趣而接受汉语国际教育。可见，从总体上看，与我们一般所说的某一类教育相比，汉语国际教育在教育对象上，既有国籍、母语等方面的特殊性，又有年龄跨度、从业领域等方面的特殊性。

（二）教育内容的丰富性

汉语国际教育并不是简单的"教汉语"，而是借助语言这一文化载体，传播中华文明。从深层上看，汉语国际教育其实是汉语（文）国际教育，是一种文化的传输，所以汉语国际教育在内容上不仅仅是语言（以及构成语言的文字）的基本的听、说、读、写，还包括传统中国文化的书法艺术、剪纸艺术、戏曲表演、历史常识、文化简史等。不仅如此，从广义上看，汉语国际教育还包含对外汉语人才培养、汉语国际教育师资养成等教育形式。这些汉语国际教育既有专业知识的教育，也有专业教学的教育，其中包含了汉语国际教育教学方法训练、教学内容选择、教学组织实践、教学模式改进等多方面的教育内容。

（三）教育形式的多样性

汉语国际教育为学习者提供了多样的教学内容选择，使那些处于不同年龄层次、具有不同学历水平、不同学习需求的人都可在其中找到自己所需的学习内容。丰富的教育内容背后,是汉语国际教育形式的多样性。例如,远程教育形式的汉语国际教育,让学习者可以突破时间、空间的限制,依靠现代信息技术完成汉语学习;机构培训的汉语国际教育,让学习者可以在正规学校教育之外,自由地选择进入不同的汉语学习群体进行汉语学习;此外,还有正规的有组织的高校汉语国际教育(如来华留学生汉语教学、对外汉语教学专业人才培养等)、孔子学院(孔子课堂)组织实施的汉语国际教育等多种形式。

(四)教育层次的丰富性

汉语及其所承载的中国文化是汉语国际教育的核心内容。无论是构成语言的字、词、句,还是由语言所组成的文章,乃至语言自身所承载的语言艺术、历史巨著、书法艺术等都是文化的重要组成部分。就中国文化而言,汉字的字形、字体、书写艺术、书法艺术,以及经典名著、诗词歌赋、人文历史等都是文化的重要组成部分。在汉语国际教育的过程中,不同的学习者在学习心理、学习动机、知识背景方面均有差异,故其所选择的学习内容也就各有差别,而不同的教学内容,其学习层次又是不同的,如学历教育的汉语国际教育、非学历教育的汉语国际教育、小学阶段的汉语国际教育、中学阶段的汉语国际教育、本科阶段的汉语国际教育、研究生阶段的汉语国际教育等。

(五)教育属性的多元性

单针对字而言,汉语国际教育无非就是将汉语(文)扩展到国际范围内来进行,将其联系到国家汉语国际推广的战略背景下,还原这一提法的本义,汉语国际教育无疑具有"国家事业"的意义;而从实践层面来看,汉语国际教育无疑还具有"教学"的含义;如果汉语国际教育要走向深入发展,那么专业化、学科化将是其不容回避的路径选择。所以说,汉语国际教育还具有"学科"(或未能上升到学科,属于具体人才培养单位的专业,属于一个特定的研究领域)的含义。

1. 事业

汉语国际教育除具有教学、学科的基本属性之外,还是一项国家和民族的事业,是一项国家的汉语国际推广事业。教育部等部门明确提到,要进一步明确中央部门和地方政府的职责……外交部负责相关外事政策的指导,并要求驻外使馆加强汉语国际推广工作,商务部负责组织实施在我国出口商品上增加汉字标签和说明,在调研基础上抓紧确定有关出口商品范围和重点出口企业,利用援外经费支持汉语国际推广工作……国家广电总局负责指导CCTV4、CCTV9等频道在现有汉语教学系列节目时段和内容上进一步优化服务,指导国际广播电台充分发挥其播出语种多、覆盖面广等优势,增加和提高汉语节目播出数量和质量,利用分布于世界各地的3600个听众俱乐部,开展汉语教学和考试。可见,我们今天所说的汉语国际教育,其在概念的源头上并不仅仅限于我们一般意义上所说的教育,而是一项集政策性、政治性和策略性于一体的国家事业。

2. 教学

汉语国际教育的本义是指"以汉语（文）为基础，针对海外母语非汉语者的汉语教学"。在一般意义上，教学是"教师将知识、技能传授给学生的过程"。这个教学过程从大的方面来看，涉及总体设计、教材编写、教学实施和考试评价四个方面。汉语国际教育作为一种以汉语为基础的教学活动，其归根结底是要根据教学活动自身的特点和规律，做好汉语国际教育（作为一种具体的语言教学活动）的总体设计，即明确汉语国际教育这一语言教学活动的教学目标、教学内容、教学组织形式，确定汉语国际教育的教材编写和选用，以讲授法、活动法等不同的教学方法展开汉语国际教育的教学工作；对一定时期、一定组织内的汉语国际教育教学效果进行评价，尤其是对学生的学习效果进行评价等。以此展开，就需要明确汉语国际教育的类型、层次、组织形式，进而制定不同的总体设计，编写或选用不同的教材，进行不同的教学实施、考试评价等。例如，对于高等学校的来华留学生教育，可以依据学历教育或者非学历教育的语言培训划定不同的培养目标，确定不同的修业水平和修业年限；对于孔子学院或者孔子课堂一类的汉语国际教育，应依据不同国家的具体情况，在修业年限、教材选用、教学实施方面做出因地制宜的调整。

从当前的汉语国际教育教学实践来看，不仅有汉语言培训教学——短期的汉语识字、汉语言应用教学、汉语预备教学，还有汉语言的本科教学——高等学校的汉语文专业教育及汉语言专业下多种方向的教学；不仅有一般的进修学习，还有强化教学；不仅有一般的汉语教学，还有职业汉语教学，如商务汉语、旅游汉语、医学汉语等；不仅有低层次的汉语学习，还有高层次的汉语（文）研究；不仅有班级授课制的汉语国际教育，还有一对一的汉语教学辅导，等等。

3. 学科

学科，简单来说，就是学术的分类。与此同时，学科还指高校教学、科研等的功能单位，是对高校人才培养、教师教学、科研业务隶属范围的相对界定的理解。在一般意义上，在高等学校成为一个学科的基本标志是有独立的名称；有专门的研究领域；在高等学校开设专业培养人才；有专门的研究人员和理论基础。从汉语国际教育的学科属性来看，虽然起步较晚，但在2008年，国务院学位委员会将"汉语国际教育"列为"中国语言文学"下面的二级学科。当然，从实际情况来看，汉语国际教育在一些基本问题的认识、学科体系和理论框架的构建上还有诸多尚待深入探讨的地方。

"作为一个学科，对外汉语教学不仅包括教学，而且包括和教学密切相关的理论研究和系统研究。这种研究的内容不仅仅是教学中出现的大大小小的各种现象，还应该包括对外汉语教学中的一般原则、方法和规律。"汉语国际教育在一定程度上是由对外汉语教学发展而来的，在很大程度上通过高等教育领域内的专门知识分类而展开。在现有认识下，学界将对外汉语教学的基础学科确定为语言学、心理学及教育学，并以语言学理论、心理学理论和教育学理论作为对外汉语教学的基本理论。在这种理解下，围绕汉语国际教育和对外汉语教学的关系及汉语国际教育固有的特殊性展开，汉语国际教育的学科基础除语言学、心理学、教育学之外，还应包括传播学、跨文化交际学、神经生理学等内容。第一，汉语国际教育虽然以传播中国文化、传扬中华文明为核心，但其载体仍旧是汉语这一基本语言；第二，汉语国际教育从大处说是达成国家汉语国际教育推广战略的具体手段，是一种文化的传播和输出，因此，还涉及传播学的内容；第三，汉语国际教育从小处说是一种语言教学，涉及教学心理、教师心理、学生心理、学习心理、文化心理等诸多内容，因此，还涉及教育学、心理学的内容。在这四个学科中，语言学重点研究"教什么""如何学""怎么教"这三个问题，以及这三者之间的相互关系。

事实上，学科和教学既有区别，又有密切联系。通过系统研究，我们才能认清应该对学习者教什么，了解学习者按什么顺序习得语言项目，用什么策略学习语言知识、掌握交际技能，明白用什么教学方法、教学顺序、教学手段才能取得最好的教学效果。只有这些研究有了阶段性成果，才可能促使教学有阶段性的发展。比如，早期的对外汉语教学并没有意识到"教什么""如何学""怎么教"的重要性，对此也没有进行研究，而是将一些对母语为汉语者的教学内容运用到对母语为非汉语者的教学中，或把语言本体研究中语言项目的次序直接搬到对外汉语教学中，这些做法都不利于教学的顺利进行。

三、汉语国际教育的类型

（一）基于施教主体角度的分类

从施教主体的角度来看，我们可将汉语国际教育分为职能型和授权型。所谓的职能型汉语国际教育，即按照组织机构自身的职能展开延伸而进行的汉语国际教育，典型的如以高等学校为主体进行的汉语国际教育及相关学校组织的各类对外汉语教学；所谓的授权型汉语国际教育，即某一组织机构通过国家授权而展开的汉语国际教育，典型的如孔子学院（孔子课堂）及相关汉语培训机构实施的汉语国际教育。这些机构是国家依据汉语国际推广的需要将之设立起来，并授权其开展汉语国际教育活动。

1. 职能型汉语国际教育

人才培养是学校的一项重要职能，有不同的规格、层次和类型。在现代社会，国际学术交流、开放培养人才，既是各类学校发展的重要途径，也是学校职能的有效拓展方式。汉语国际教育作为一种人才培养活动，从一般意义上看，它更多的是高等学校在人才培养具体类型上的延伸。当然，由于汉语国际教育的特殊性（与对外汉语一样属于控制设置专业），尤其是学科知识和学科基础发展的相对不完备，国内高校在开办这一专业时更多地需要依资格进行申请（"汉语国际教育"虽然在2008年成为"中国语言文学"下设的二级学科，但并不面向本科阶段办学，仅有在研究生阶段招生的"汉语国际教育硕士"，且在

2010年汉语国际教育硕士被明确定位为专业学位教育，与学术型硕士迥然不同）。国家汉语国际推广领导小组办公室首批确定了24所高校为开设汉语国际教育硕士专业学位教育的院校，其重点是通过开设汉语国际教育硕士专业学位教育，为开展对外汉语教学培养人才和师资。

2. 授权型汉语国际教育

孔子学院的汉语国际教育是典型的授权型汉语国际教育，这一组织机构是因国家汉语国际推广需要而设立的，国家授权其在海外开展汉语国际教育。孔子学院，又名孔子学堂（Confucius Institute），它并非一般意义上的大学，而是以开展汉语教学为主要活动的中国语言文化推广机构。严格来说，孔子学院是一个非营利性的社会公益机构，一般都是设在国外的大学和研究院之类的教育机构中，其最重要的一项工作就是给世界各地的汉语学习者提供规范、权威的现代汉语教材，提供最正规、最主要的汉语教学渠道。

孔子学院的管理和协调机构是孔子学院总部（Confucius Institute Headquarters），境外的孔子学院都是其分支机构，主要采用中外合作的形式开办。孔子学院致力于适应世界各国（地区）人们对汉语学习的需要，增进世界各国（地区）人们对中国语言文化的了解，加强中国与世界各国（地区）教育文化的交流与合作，发展中国与外国的友好关系，促进世界多元化发展，构建和谐世界。孔子学院的设立方式有三种，即国内外机构合作、总部授权特许经营、总部直接投资。当然，并不是所有的孔子学院、孔子课堂都需要由中国政府创办或者由中国政府与国外机构合办，也并不是所有的孔子学院（孔子课堂）都是中国政府的主体行为。《孔子学院章程》第九条明确规定："中国境外具有从事语言教学和教育文化交流活动能力且符合本章程规定申办者条件的法人机构，可以向孔子学院总部申办孔子学院。"

（二）基于受教主体角度的分类

1. 面向非中国国籍的人群进行的汉语国际教育

面向非中国国籍人群进行的汉语国际教育，即面向那些不具备中国国籍的、母语非汉语者所开展的汉语国际教育。在当前的汉语国际教育中，面向海外设立的孔子学院和孔子课堂组织实施的汉语国际教育就属于这种类型。从受教对象来看，无论是孔子学院还是孔子课堂，其针对的人群大多是国外那些非中国国籍的汉语学习者。当然，我们也应该看到，在孔子学院和孔子课堂中，不排除存在极个别的具有中国国籍的汉语学习者。

2. 面向中国国籍人群进行的汉语国际教育

面向中国国籍人群进行的汉语国际教育，典型的如汉语国际教育硕士专业学位教育、对外汉语教学专业教育，以及对那些业已取得中国国籍的母语非汉语者所进行的汉语教学等。从汉语国际教育硕士专业学位教育来看，其教育对象更多的是那些已取得学士学位、有志于继续从事汉语国际教育的中国人；从对外汉语专业教育来看，其大多面向中国学生招生，旨在培养汉语国际教育师资。此外，在当前的汉语国际教育中，还存在一部分因工作、婚姻而取得中国国籍的母语非汉语的外国人，他们出于提升中文语言交际能力和中国文化理解能力的需要，进入大学课堂或孔子学院、孔子课堂接受汉语学习，这也属于汉语国际教育。

（三）基于动作发生地的分类

汉语国际教育是一种面向海外母语非汉语者的汉语教学活动，其强调的是"海外母语非汉语者"这一受教对象。整个汉语国际教育的动作，既可以在中国区域内进行，也可以在非中国区域内进行。故从动作的发生地来看，汉语国际教育又可分为在中国区域内进行的汉语国际教育和在非中国区域内进行的汉语国际教育两类。

1. 在中国区域内进行的汉语国际教育

在中国区域内进行的汉语国际教育，如当前国内高校中普遍存在对来华留学生进行的汉语（文）教学活动。当然，严格来说，除高校外，在中国区域内还存在以汉语言培训机构、各类留学机构为主体对海外母语非汉语者进行的汉语教学活动。

2. 在非中国区域内进行的汉语国际教育

在非中国区域内进行的汉语国际教育，如当前世界范围内多有存在的各类孔子学院和孔子课堂，即只要是动作发生地在非中国区域内，具备汉语国际教育基本构成要件的汉语教学活动都可以归入此列。显然，这种分类与前面提到的基于施教主体的汉语国际教育分类有很大程度上的相似，但区别两者的核心之处在于前者着重考查动作由谁发出，而后者着重考查动作在何处发生。

（四）汉语国际教育的其他分类

在探讨汉语国际教育的内容、形式、层次等问题方面，对汉语国际教育的内涵理解是一个基础前提。在本书的研究中，我们倾向于汉语国际教育在概念划分上可以从广义和狭义两个角度理解：从广义的汉语国际教育角度审视，在实施的模式上应该体现多样化，既包括函授教育、远程教育等形式，又要注意学科化的发展，才能适应汉语国际推广的发展要求。

在汉语国际教育的内容上，《孔子学院章程》的服务对象明确提出"为社会各界各类人员特别是汉语教师提供汉语教学服务，开设继续教育类非学历、应用性汉语学习课程；为国外大、中、小学生提供汉语教学服务，开设专业汉语和公共汉语学习课程；为研究中国问题的学者和机构服务"。由此来看，汉语国际教育是一个囊括初等教育到中等教育，甚至是到中等后教育的完整的教育体系，即汉语国际教育注重的是汉语（文）的国际传播，而非限定于某一层次或领域的汉语（文）教育。汉语（文）是一个复杂的、多层次的概念，其包括字形、字音、字意、文章、语言学、汉语文化学等，其既可以在初等教育层次开展教学和学习，亦可在中等教育层次开展教学和学习，甚至还可以在高等教育层次（中等后教育层次）开展教学和学习。

在汉语国际教育的层次上，它既可以是基础的汉语学习和语言培训，也可以是较高层次的汉语文学习和汉语文化学习研究。这些都可以纳入汉语国际教育的不同层次中加以展开。具体来说，在办学层次上，汉语国际教育可以囊括简单语言培训和汉语文学习的任何层次；在培养层次上，汉语国际教育既可以是学前的、初级的汉语学习，也可以是中等、高等的汉语学习；可以是非学历教育，也可以是授予学位的学历教育。

在汉语国际教育的形式上，它既可以是专门性质的学校，进行专门的汉语（文）教学，也可以是纯粹的汉语培训机构，进行简单的汉语应用性的学习；既可以将汉语学习和汉语文化教育融入具体的"专业"中加以开展，也可以将其渗透到大学课堂的学习中；既可以是正规的有组织的学校教育，也可以是贯穿于个体一生发展的终身教育。从这一意义上看，汉语国际教育可以不拘泥于任何特定的形式来进行，我们甚至还可以将汉语国际教育看作是一种终身教育来进行规划发展。

在汉语国际教育的承载主体上，任何教学活动都需要一定的载体，而离开这种载体，教学活动本身就无法开展，如党校作为各级领导干部培训的载体、MBA作为企业经理人培训的载体等。作为一种以汉语（文）为基础的教学活动，汉语国际教育需要借助一定的载体来加以展开。以汉语国际教育载体作为一种分类标准，我们可以将汉语国际教育分为以高等学校为主要载体和以非高等学校为主要载体。

在如上分类的基础上，考虑到汉语国际教育内容的复杂性和形式的宽泛性，我们还可以从受教育对象的年龄上来加以划分。例如，汉语国际教育的受教育对象既可以是成年人，也可以是未成年人。当然，无论坚持何种汉语国际教育分类，其都仅是汉语国际教育在理论研究上的一种表现形式。在实践中，汉语国际教育的形式、类型、规格是相互联系、无法割裂的。

第二节　汉语国际教育的总体背景

一、汉语国际教育的发展历程

一方面，汉语国际教育与来华留学生教育、对外汉语教学、汉语作为第二语言的教学等活动有着一脉相承的关系；另一方面，汉语国际教育的提出具有丰富的内涵和广阔的发展路径。汉语国际教育作为对外汉语教学适应新形势的一种重要发展概念，有效地促进了我国语言文化传播事业的发展。如果说在汉语国际教育概念出现之前，我国的语言文化传播事业仅以来华留学生的汉语教学为载体，那么在汉语国际教育出现之后，我国的语言文化传播事业则呈现"内外相济、多元并举"的局面。在国内，对外汉语教学不断辐射来华留学生群体，成为一种以国内为主阵地的、以来华留学生汉语教学（更多强调来华留学生的学历性汉语教学和非学历性汉语教学）为主的"请进来"的汉语国际传播；在国外，汉语国际教育综合面向全世界，成为一种辐射全球的、以海外母语非汉语者为教育对象的以"走出去"为主的汉语国际传播。此外，随着汉语国际教育推广事业教育性、专业性和实效性的提升，对外汉语教学人才培养也逐步拓展为汉语国际教育的一个新体系。

（一）前汉语国际教育阶段

汉语是世界上最古老的语言之一，有着悠久的国际传播历史。从秦汉汉语就开始向外传播。

目前的情况是，日语、汉语、越南语等语言中均存在大量（约60%）的汉语借词（虽然现在越南已经不使用汉字了）。在日本，当下的日语还有超过2131个汉字借字和若干人名用字；日本现在每年还举办汉字检定考试，受测人数已超过200万；有超过800万部手机具有传输汉字短信的功能；日本计算机公司生产的汉字字库、字体有1900余款；一些小学仍旧提倡通读《论语》。在韩国，现在仍有大约1800个汉字在使用。韩国前总统金大中也说过，韩国各种历史古典文章和史料都以中国汉字书写，如无视汉字，将难以理解我们的古典文化和历史传统。2005年2月9日，韩国政府宣布，在所有公务文件和交通标志领域，全面恢复使用汉字和汉字标记，规定将目前全用韩语的公务文件改为韩、汉两种文字并用。

总体而言，自秦汉以来，中国的对外汉语传播就从未中断过，其中尤以唐宋及明清时期为盛。唐代，中国的经济空前繁荣，绚丽多彩的文化吸引了周边国家许多友好人士前来学习，留学生教育（当时称为遣唐留学生，也有称遣唐使）成为当时汉语传播的重要手段，典型的如日本的阿倍仲麻吕等。宋代，周边国家的人对汉语学习倾注了很大热情，推行了一系列富有成效的措施，保障了汉语文与中国文化的传播。尤其是在活字印刷术发明以后，汉文典籍外传的效率和规模普遍提高，典型的如公元995年，宋僧道隆应日僧的邀请，率弟子数人东渡日本，创建建长寺，宣扬禅风。及至明清时期，我国与周边国家的民间交往日益普遍、深入，加上西方传教的需要，汉语国际传播的速度不断加快，同时出现了一批很有影响的汉语学习教材。例如《老乞大》《朴通事》《训世评话》等是明代初期朝鲜人学习汉语口语的教材；《官话指南》《燕京妇语》是日本人在北京工作和生活所用的汉语口语教材；《语言自迩集》等是欧洲人编写的适合西方人学习汉语的教材。

1950年，清华大学开办"东欧交换生中国语文专修班"，接收中华人民共和国第一批外国留学生，并对他们进行汉语教学，这标志着中国的汉语传播事业重新拉开了序幕。

1952年，我国向海外派遣了第一批汉语教师。朱德熙先生等人被派往保加利亚等国任教，执行政府间协议，成为向国外推广汉语教学的第一批使者。为适应对外汉语教学事业的不断发展，1962年，国务院批准成立了"外国留学生高等预备学校"，1964年定名为"北京语言学院"，这是我国第一所以对外汉语教学为主要任务的高校。

1971年，联合国恢复了我国的合法席位，四十多个国家要求向我国派遣留学生，国内高校陆续恢复招生。在这种形势下，北京语言学院于1973年复校，接着全国各省区高等学校陆续恢复招收来华留学生。

教学规模的扩大和本科教学的创建，使设立一门专为外国留学生汉语教学服务的学科成为当务之急。1982年4月，国内21家教学单位在北京语言学院举行"对外汉语教学学会"第一次筹备会，"对外汉语教学"的提议得到一致肯定。会议一致同意学会的名称叫作"中国教育学会对外汉语教学研究会"，后来研究会提升为一级学会的时候，就顺理成章地叫作"中国对外汉语教学学会"。为了便于国际交流，学会的英语译名定为"All China Association for Teaching Chinese as a Foreign Language"。

1987年7月，"国家对外汉语教学领导小组"成立，并设立常设办事机构——中国国家对外汉语教学领导小组办公室（后改称"中国国家汉语国际推广领导小组办公室"，简称国家汉办）。

1990年，汉语水平考试（HSK）正式实施。迄今为止，全世界共有四十余万人参加了该考试。

2002年8月，国家汉办举办首届"汉语桥"世界大学生中文比赛。此后，"汉语桥"世界大学生中文比赛成为每年一次的惯例。

2004年4月15日，教育部正式启动"国际汉语教师中国志愿者计划"，选拔培训合格的志愿者教师分赴海外从事全职汉语教学工作，以解决全球汉语教师紧缺问题。外派汉语志愿者教师活动，标志着汉语教育的"主战场"由国内转向国外，汉语教学在实质上进入了汉语国际教育时代。

（二）汉语国际教育阶段

20世纪末，尤其是进入21世纪以来，以计算机、电子信息技术为主导的信息科技革命席卷全球，全球化的交往呈现出前所未有的趋势，汉语的跨文化、跨国界交往成为一种可能，更成为一种必要；另外，随着中国经济发展水平的提升，对外经济交往和贸易活动逐年大幅度提升，汉语也自然成为国与国之间交往、经济贸易往来、文化交流传播必不可少的沟通工具。此外，随着中国经济的持续发展和世界文化的加速融合，汉语及其所承载的东方文化越来越引人注目，全球汉语学习者人数持续增加，在世界范围内推广汉语教学、介绍中国文化，让更多的人以更快捷的方式掌握汉语，成为全球化时代汉语国际传播的趋势。

进入21世纪，为适应经济全球化和我国加速融入世界的需要，过去那种单纯的"请进来"的汉语推广战略已经不再适应形势需要，而"请进来"与"走出去"的结合无疑成为"加快汉语国际推广，提升我国文化影响力和软实力"的必然选择。

2004年5月，以推动世界汉语教学为目的的"汉语桥"工程启动实施，对外汉语教学开始了"走出去"的转型。2004年，国务院批准了国家对外汉语教学领导小组制定的对外汉语教学事业2003年至2007年发展规划——《汉语桥工程》，明确提出将"集成、创新、跨越"作为对外汉语教学和汉语国际推广的发展战略。

2004年11月21日，全球第一家孔子学院在韩国首尔建成；2005年2月18日，欧洲首个孔子学院——北欧斯德哥尔摩孔子学院在斯德哥尔摩大学中文系挂牌成立；2005年3月7日，美国第一所孔子学院——马里兰大学孔子学院挂牌成立。

2005年7月，首届世界汉语大会在北京举行，来自五大洲六个国家的300多位代表出席了这次大会。这次大会既是一次汉语国际推广的动员大会，也是一次汉语国际推广的宣传大会。对内而言，它是一次汉语国际推广的动员大会；对外而言，它实际上是一次汉语国际推广的宣传大会。此次大会之后，国内的汉语国际教育力量被动员起来，国外汉语国际教育的热情得到了进一步提升，汉语国际推广工作由此进入高速发展阶段。

2006年，对外汉语教学向国际汉语教学的转变得到国家汉语国际推广领导小组办公室等有关部门的政策推动。国家汉语国际推广领导小组办公室"针对我国多年来对外汉语教学的主战场在国内，以来华留学生为主要教学对象的传统汉语教学模式不适应国外对汉语的需求状况，提出了转变观念的要求，明确了工作重点，实施了六大转变：一是发展战略从对外汉语教学向全方位的汉语国际推广转变；二是工作重心从将外国人'请进来'学汉语向汉语加快'走出去'转变；三是推广理念从专业汉语教学向大众化、普及型、应用型转变；四是推广机制从教育系统内推进向系统内外、政府民间、国内国外共同推进转变；五是推广模式从以政府行政主导为主向政府推动的市场运作转变；六是教学方法从以纸制教材面授为主向以充分利用现代信息技术、多媒体网络教学为主转变。'六个转变'实际包含了三个层面：体制和机制、对象和教学类型、教材和教法。换言之，从过去的'请进来'、对有一定学历的成年人进行面对面教学发展到'走出去'、对社会上各式各样的人进行多种方式的教学，需要全方位的改进和改革"。

2006年3月，国务院办公厅转发了《关于加强汉语国际推广的若干意见》，从国家战略的高度阐明了汉语国际推广工作的重要性和紧迫性，提出了汉语加快走向世界的指导思想、总体规划和政策措施，把提升学科地位、建立汉语作为第二语言教学的专业学位制度列为重要任务之一。

2006年7月，全国汉语国际推广工作会议明确提出，要树立新的汉语国际观，从发展战略、工作重心、推广理念、推广机制、推广模式和教学方法方面实现"六大转变"，强调要加强汉语国际推广能力建设，对汉语作为第二语言、外语教学教师的能力与素质提出了更高的要求。同年9月，国务委员陈至立明确指示，要超常规、大规模地培养教师，加大派出规模，成千上万地向国外委派教师。

2007年3月，国务院学位委员会第二十三次会议审议通过了《汉语国际教育硕士专业学位设置方案》，"汉语国际教育"这一名称得以正式确立。

此后，国务院学位委员会于2008年9月确定了中国人民大学、山东大学、北京外国语大学、厦门大学、北京语言大学等8个汉语国际推广基地学校；此后，又陆续确定了大连外国语学院、南开大学、中山大学、武汉大学、东北师范大学、海南师范大学、延边大学7所高校为第二批汉语国际推广基地学校。

（三）汉语国际教育的时代应答

经过了前汉语国际教育阶段、汉语国际教育阶段的发展，今天的汉语国际教育正紧跟时代步伐，广泛融入社会生活中。例如，"中国文化周""中国文化月""中国文化年""中国文化节"等活动在法国、俄罗斯等国屡见不鲜，在各类电视报道和电视节目中，外国人学说汉语、学习中国书法、唱中国歌的情况更比比皆是。随着全球化与中国现代化的交互，世界性"汉语热"正成为21世纪语言文化传播的重要特征。

"汉语国际推广，路已渐宽，路还很长。"在汉语国际教育不断推进的新形势下，还有诸多亟待解决的问题。诚如北京语言大学王路江教授所说："我们更多地看到的是语言源于民族文化的根基的一面，却忽略了语言还有更加有价值的跨文化、跨国界传播的一面，没有发现我们汉语有在非本土传播文化的强大生命力。我们注意到，在世界经济全球化的推动下，大众消费文化以不同的民族语言、在不同的国家疆界内同步叙述着相同的文本，已经成为十分普遍的现象，这使语言超越国家的疆界为其他国家所用成为事实。是世界经济全球化的图景向我们展示了汉语的国际化趋势，也是'对外汉语教学'向国际汉语教学的转变成为一种日渐明显的趋向，引起我们的关注和思考。"

在新的时代背景下，汉语国际教育比以前应用最广的对外汉语教学的内涵及外延都扩大了。从"对外汉语教学"到"国际汉语教学"不仅是名称的变化，更重要的是把我们置于更宽广的背景下思考我们的学科发展现状及未来。我们把视线从"对外汉语教学"放眼到国际汉语教学，把我们的事业置于国际化背景下思索时，我们有必要重新审视我们的位置，做出学校发展新的战略规划。这是我们每位一线汉语国际教育实践工作者和汉语国际教育研究者肩负的使命，更是汉语国际教育必需的时代应答。

二、汉语国际教育的发展现状

（一）汉语国际教育发展概况

汉语国际教育作为一项综合性的教学活动，其发展是多维度的，既有参与者人数的增加，也有教学材料的变化和积累，还有评价标准、外部支持等方面的变革。围绕汉语国际

教育发展的相关因素,汉语国际教育发展的现状体现了以下几个方面的特点:

1. 汉语学习人数不断增加

近年来,随着"汉语热"的持续升温,汉语学习人数激增已成为不争的事实。当前,全世界有超过100个国家和地区的3000所高等学校自发开设了汉语课程。在与中国交往较为密切的部分国家和地区,汉语学习还呈现出从高等教育领域向初等教育、幼儿教学扩展的趋势。据不完全统计,"世界各国学习汉语的人数,很多国家是以50%甚至是翻番的速度增长,全世界现在学习汉语的人数已经超过了4000万"。例如,泰国有1000多所中小学开设了汉语课,有近30万的学生学习汉语;美国2005年前有200所学校开设汉语课,到2009年已经发展到有1000多所学校开设汉语课,而且中学生学汉语的人数从2万增加到10万多,增加了4倍多;英国原有150所左右的中学开设汉语课,2009年已经超过500所,学习汉语的总人数近7万;俄罗斯开设汉语课的学校从2004年的50所增加到2009年的150余所,学生从5000多增加到15000多;德国有近200所公立中学开设了汉语课,汉语学习人数超过1万。

孔子学院已成为各国学生学习汉语言文化、了解当代中国的主要平台,甚至成为中国"大外交"和"大外宣"的一个重要组成部分。与此同时,在美洲、欧洲、非洲的多个国家和地区,孔子课堂采取因地制宜、灵活多样的办学形式,面向大中学校、社区和企业教授汉语,推广中国文化。

2. 汉语国际教育机制逐步形成

从中华人民共和国成立初期摸着石头过河的"交换生"教育到今天形式多样的汉语国际教育,其管理制度、机构设置也得到了进一步的健全和完善。为保证汉语国际教育工作健康、有序、顺畅、高效运行,国务院的11个有关部门发起并成立了"中国国家汉语国际推广领导小组办公室",以下简称国家汉办。国家汉办直属于中华人民共和国教育部(以下简称教育部),是司职汉语国际教育的专门性机构,旨在负责制定汉语国际推广的方针政策和发展规划,支持各国各级各类教育机构开展汉语教学,在多个国家和地区与大学和中学合作;制定对外汉语教学标准并组织评估,开发和推广汉语教材;制定对外汉语教师资格标准并开展培训,选派出国对外汉语教师和志愿者,实施汉语作为外语教学能力认证;制定对外汉语教学网络建设标准,构建相关网络平台并提供资源,开发和推广各种对外汉语考试,指导中国孔子学院总部及各类孔子学院建设。

在国家汉办成立并不断规范指导汉语国际教育发展的同时,全国多个省(市、区)教育主管部门将汉语国际推广列入教育工作议程,成立相应的教育领导小组,制定工作规划,极大地促进了汉语国际推广工作。除高等教育主管部门、高等学校、出版机构外,也有为数众多的中小学、企业(如文化、教育公司,计算机、网络公司等)加入汉语国际推广中,基本上实现了汉语国际教育推广机制从教育系统向系统内外、政府民间、国内国外共同推进转变，推广模式从以政府的行政主导为主向政府推动的市场运作转变。例如，商务印书馆出版了以赵金铭为总主编的"商务馆对外汉语教学专题研究书系"，共计22本，内容包含"学科理论研究""教学理论研究""教材研究""听力教学研究""口语教学研究""阅读与写作教学研究""教材研究""综合课教学研究""汉语教学研究""汉语作为第二语言的学习者汉语认知研究""汉语水平考试研究""语言测试理论及汉语测试研究""计算机辅助教学的理论研究""计算机辅助教学的实践研究""教师素质与教学培训研究""课堂教学技巧研究"等。此外，商务印书馆还发行了以外国人为阅读对象的《汉语世界》刊物，定期出版《对外汉语教学研究》，北京大学出版社则定期出版《汉语教学学刊》。

3. 汉语水平考试制度逐步健全

汉语水平考试是衡量汉语学习水平的重要手段。在过去相当长的一段时期内，专门的汉语水平考试制度和专业性的汉语水平测试组织一度缺乏，汉语水平考试大多停留在"教师考学生""语言对话"的浅显层面上。20世纪90年代，随着全球汉语学习人数的增长，传统的"教师考学生"的汉语水平考试方式亟待改进。在这一背景下，北京语言大学汉语水平考试中心设计研制了汉语水平考试（HSK），并于1990年2月通过专家鉴定正式开考。今天，HSK已经逐步发展为国家汉语水平考试委员会、北京语言大学汉语水平考试中心共同负责的国家级汉语水平标准化考试，相应的HSK汉字、词汇、语法等级标准和等级大纲逐步得到完善，基础汉语水平考试，初、中等汉语水平考试和高等汉语水平考试三个层次的汉语考试认证制度不断发展。2006年，海外42个国家的172个考点的6466人参加了汉语水平考试；而到了2007年，海外参加汉语水平考试的人数达到138000万。在汉语水平考试人数激增的同时，为保证考试的延续性和评价的多元性，继2006年10月商务汉语考试（BCT）在新加坡实施海外首考之后，2007年4月15日，BCT在全国20所院校举行中国国内正式首次考试。目前，BCT已在新加坡、韩国、美国、日本、比利时、泰国等国正式开考，并呈现不断扩大和持续发展的势头。

除了传统的以成人为主体的HSK、BCT考试之外，由国家汉办主持开发的少儿汉语考试（YCT）也于2006年在新加坡首次推出，2007年开始在全世界推广，目前已在我国及日本、俄罗斯、泰国、韩国、菲律宾等国家成功开考，并得到了当地汉语学习者的喜爱和欢迎。

随着HSK、BCT、YCT等考试在世界范围内的不断深入发展和参考人数的持续增长，为使汉语水平考试（HSK）更好地满足海外不断增长的汉语学习者对汉语考试的新的要求，2009年11月，国家汉办组织中外专家，在充分调查、了解海外汉语教学实际情况的基础上，借鉴近年来国际语言测试研究最新成果，重新研发并逐步推出新汉语水平考试（HSK）。新HSK是一项国际汉语能力标准化考试，重点考查汉语非第一语言的考生用汉语进行交际的能力。新HSK和以前的HSK在考试形式、考试内容及难易标准上都具有较大差异。至此，国家汉语水平考试进入了一个新的发展阶段。截至目前，这种考试（尤其是HSK

水平考试)一方面在高等学校高层次的汉语国际教育中充当了准入门槛的角色；另一方面为世界范围内的汉语国际教育确立了一个相对统一的基础性评价标准。

4. 汉语教材建设取得显著实效

汉语国际教育强调针对海外母语非汉语者进行教育，针对实际情况而言，现有的汉语国际教育受教育对象一般并不具备汉语学习基础。在当前多样化的汉语国际教育背景下，制定一套能针对多个受教对象的、具有高度适应性的汉语国际教育教材就甚为必要。近年来，国家汉办、北京语言大学、世界汉语教学学会，以及国内各类有关的汉语国际教育组织围绕汉语国际推广这一主线，采取"一纲多本"的政策，增强了各地各校编写对外汉语教学教材的积极性，目前已初步建立起从低级到高级、适应各方面需要的对外汉语教学系列教材体系。不仅如此，国家汉办自成立以来，通过课题立项、专项资助、委托研究等形式积极支持汉语国际教育教材开发工作。通过几年的发展，汉语国际教育教材开发无论在数量还是在质量上都取得了显著的效果，针对不同语种和国家的汉语国际教育教材相继问世，如英语区教材、韩国教材、泰国教材、阿拉伯语区教材等，还有针对不同职业或阶层的教材，如商务汉语教材、旅游汉语教材、儿童汉语教材、汉语学历教育教材等。自2010年以来，国家汉办还先后组织华语教学出版社、人民教育出版社、外语教学与研究出版社等多家出版机构，完成《快乐汉语》《汉语乐园》《跟我学汉语》《当代中文》《汉语图解词典》《汉语800字》等9套主干教材、45种工具书，以及9个语种的《新实用汉语课本》共1115个品种的改编、翻译及出版工作，完成8个系列24个品种的中亚汉语教材开发。

5. 师资培养质量及输出水平提高

为积极应对汉语国际教育在不同国家、不同地区、不同文化环境的师资适配性问题，汉语国际教育师资培养机制改革也随之展开，具体工作包括：

（1）改进对外汉语本科教学，加大外语、外国文化、跨文化交际、中国文化才艺、国外中小学教学法等内容的学习训练，加大汉语教学实习尤其是到海外实习的比重；

（2）对国内文科相关专业的学生（尤其是外语专业的学生）进行汉语作为外语教学方面的短期培训，使之能胜任相关工作；

（3）设置汉语国际教育硕士专业学位教育，培养适应汉语国际推广工作，胜任汉语作为第二语言、外语教学的高层次、应用型、复合型专门人才。北京语言大学、厦门大学、延边大学、云南师范大学等国内先期开展汉语国际教育师资培养的学校，不断创新汉语国际教育师资培养模式。例如，云南师范大学采用"2+2模式""3+1模式"探索汉语国际教育师资培养的新模式。经过几年的发展，一批具备较深汉语素养、具有异国文化适应力和较强汉语国际教育水平的师资队伍得以形成和外输，汉语国际教育师资在不同国家和地区的适配性问题得以部分解决，汉语国际教育的师资培养及输出水平明显提高。

6. 学科建设进程逐步深化

在汉语国际教育的学科发展上，2008年，"汉语国际教育"被列入"中国语言文学"之下的二级学科。在这一基础上，北京语言大学、北京外国语大学等高校开展了不同程度的汉语国际教育学科化研究，将对外汉语教学的学科体系和学科内容进一步向前推进，力图在汉语国际推广的新形势下构筑汉语国际教育的专门学科体系（有的称作国际汉语教学学科）。针对个体层面的学术性研究而言，陆俭明、崔希亮、王路江、周小兵等学者也在各自的研究中提到了汉语国际教育学科化的构想。从国家政策的层面来看，近年来国家还先后设立了包括对外汉语教学方向的博士点和国家重点学科，建立了国家级的人文社会科学重点研究基地对外汉语研究中心，并逐步在一部分留学生办学条件较好、办学水平较高、办学基础较扎实的高等学校建设了一批对外汉语教学基地，以便在教学科研、教材建设、师资培训和国内外学术交流等方面发挥示范作用。

在汉语国际推广的标准化建设方面，首先，汉语国际教育学习资助体系逐步确立。近年来，国家汉办等相关部门设立了面向海外的对外汉语教学基金——汉语桥基金，加强了与国外汉语教学界的联系、交流与合作，加强了对国内外汉语教师的培训工作，世界范围内的汉语国际教育学习资助体系初步得以建立。其次，汉语国际教育的标准化要求逐步形成。2007年底，国家汉办组织国内外人才在合理吸取若干国外语言教学大纲经验的基础上，提出了汉语国际教育的三个标准——《国家汉语教师标准》《国际汉语能力标准》及《国际汉语教学通用课程大纲》。在这三个标准要求中，《国际汉语教师标准》对从事国际汉语教学工作的教师应具备的知识、能力和素质进行了全面描述，建立了一套完善、科学、规范的教师标准体系，为国际汉语教师的培养、培训、能力评估和资格认证提供了依据。《国际汉语能力标准》对国际汉语的总体能力、汉语口语和书面交际能力分5级进行了描述，同时还列举出各种语言能力级别应完成的汉语应用任务，为国际汉语教学总体设计、教学大纲的制定、教材的编写提供了主要依据，也为评测汉语学习者语言能力，以及开发、设计汉语能力考试提供了参照。《国际汉语教学通用课程大纲》对汉语作为第二语言课程目标与内容做了系统全面的梳理和描述，尤其是对课程目标及学习者所应具备的语言知识、语言技能、学习策略和文化意识等方面进行了分级分类描述，为汉语教学机构和教师在教学计划制订、学习者语言能力评测和教材编写等方面提供了参考依据和参照标准。此外，国家汉办/孔子学院总部的成立及孔子学院设立章程的确立，也极大地促进了汉语国际教育的标准化进程。这些标准化建设既体现了汉语国际教育专业水平的提高，又为汉语国际教育的学科发展丰富了内容、创造了条件。

（二）汉语国际教育现存的问题

透过上述对汉语国际教育基本现状的梳理，我们不难发现，虽然汉语国际教育在师资培养、教材建设，以及在孔子学院（孔子课堂）建设方面取得了一定成绩，但汉语国际教育的可持续发展问题、理论研究问题、质量控制问题仍有极大的改进空间,无论是学界的理论研究,还是一线汉语国际教育实践,都应加强对这些问题的深入探讨。

1. 关于汉语国际教育的可持续发展

一是汉语国际推广的发展定位。长期以来,对外汉语教学大多局限于专业人才的培养,过分强调其学术性和系统性;汉语国际推广工作没有被提到应有的战略高度,没有成为国家"大外交"和"大外宣"工作的有机组成部分,也没有作为"走出去"战略的重要内容进行总体规划与部署。国家汉办主任许琳在接受新华社采访时指出:"怎么样才能够把孔子学院让大家认可为公共外交和人文外交的重要抓手,或者是作为一个很好的品牌?要使全国人民都来参与才行,不光是对外宣传。中学也好,小学也好,地方也好,中央也好,不管你是劳务出口,还是国际交流合作,出去的人,哪怕是开饭馆的人,都应该想到我要带文化出去,带我们的语言出去,要有自觉意识就好了。"战略定位的明确性对汉语国际教育的发展有重要的推动作用。我们都知道,从广义上看,无论是高等学校来华留学生汉语教学(来华留学生语言培训)、在海外对母语非汉语者的汉语教学(以孔子学院、孔子课堂等为载体实施的汉语教学等),还是对外汉语人才培养(含高校对外汉语教学专业教育、汉语国际教育硕士专业学位教育),都是汉语国际教育。而汉语国际教育的类型、层次、内容的多元性特征,使其发展必须体现分类指导。现有的从事汉语国际教育的各类机构,逐步确立各司其职、各属其能、各得其所的发展定位,形成可持续发展的汉语国际教育。

二是汉语国际推广的机制运行。汉语国际推广是一项重要且具有市场前景的文化产业,但目前的推广体制基本是由政府主导的计划经济指令模式,而引入市场竞争机制及政策激励相关机构和社会力量积极参与的措施不够。从现实来看,当前的汉语国际教育在很大程度上依靠高等学校和孔子学院两个主体来展开,而这两个主体所开展的汉语国际教育都是由政府统筹的。开办孔子学院需要向国家孔子学院总部申请,只有获得国家孔子学院总部的授权方能开办。在高等教育领域,对外汉语教学专业、汉语国际教育专业的开设,都要通过教育主管部门的审批,市场力量、社会力量在其中所起的作用可谓微乎其微。事实上,在经济全球化和我国市场经济不断发展的今天,在国家宏观调控的基础上,允许广泛引入社会力量参与汉语国际教育,对于传播中国文化、传扬中华文明来说,无疑具有极大助益。

三是汉语国际推广的效能提高。近年来,国家汉办/孔子学院总部为开展对外汉语教学工作发挥了重要的作用,但与汉语国际推广的新形势、新要求相比,在层次和职能等方面都不匹配。有研究者认为,近年来虽然我国为进一步扩大汉语影响也采取了一些可行的手段和措施,如"通过各种国际文化交流扩大汉语影响""积极向海外派遣汉语教师,建立孔子学院""成立孔子学院总部以进一步推动汉语国际推广"等,但从总体来看,我国汉语国际推广的方式还不够丰富,尚有许多可取的方法和途径都没有被很好地利用起来。

有的专业学者提出应充分利用汉语拼音的优势来推动汉语国际化进程，积极争取汉语在各种国际性活动中的话语权，以此发挥汉语的国际影响，这些想法有必要在实践中进行深入的探索。

四是汉语国际教育师资队伍的建设。对外汉语教学、海外华文教育在师资、教材方面严重不适应"汉语加快走向世界"的需求，已经成为汉语国际推广的瓶颈。"我们现在作为汉语母语国，中国教材的覆盖率在全球来说，现在4000多万人学汉语，每年出口的教材覆盖率也就是百分之十几……"我国现有的专职对外汉语教师数量远不能满足实际需要。

五是对外汉语教学工作的创新发展。目前，对外汉语教学工作主要依靠少数高校，以接收来华留学生的汉语教学为主，在汉语国际推广由"请进来"到"走出去"的转变进程中，对对外汉语教学规律的研究，尤其是针对不同国家和地区及不同文化背景的汉语教学研究不足。这些既是汉语国际教育的现实困境，也是汉语国际教育发展迫切需要改进的问题。

综上五点内容得出，我国的汉语国际教育的发展尚存在改进的空间。如何进一步明确汉语国际教育的定位、主体、参与机制和内容，加大汉语国际推广的经费投入，并从制度上、机制上营造汉语国际推广的良好运行环境，实现汉语国际教育的最大效能，是汉语国际教育的长远发展需要密切关注并探索解决的问题。

2. 关于汉语国际教育的学理研究

"汉语国际教育"这一名称到2023年已有近17年的历史，但时至今日，汉语国际教育的一些基础性问题、本源性问题仍旧未能得到很好的确认和解决。

首先，汉语国际教育的内涵问题。汉语国际教育作为一种特殊的教育活动，是随时代发展而产生的新概念，有其存在和形成的基础和价值。汉语国际教育并非无须解释、不证自明的概念，众所周知，概念是对内容本身的高度凝练和概括。没有明确的汉语国际教育概念，就难以形成明确的汉语国际教育发展思路，而这个发展思路既包括理论研究上的内容，也涵盖实践操作上的内容。对于一项研究工作来说，没有明确的研究内容，就不可能选用明确的研究方法，不可能形成完整的理论体系和坚实的理论基础；而对于一项实践工作来说，没有明确的思路，就不能找出明确的操作对象与具体可行的操作方法。

其次，汉语国际教育的内容厘定问题。简要来说，就是汉语国际教育做什么和教什么的问题。汉语国际教育的实施类型及层次是多元的，因此其内容也呈现多样性。然而，针对不同类型、层次的汉语国际教育，在制定相应的内容要求、提供相应的教学材料、构建配套的考核评估体系等方面尚不够完整、规范，尤其是在汉语国际教育的专业化发展，专业人才的培养目标、修业年限、课程设置等方面的内容都存在深化理论研究、改进实践模式的问题。

最后，汉语国际教育的战略发展问题。汉语国际教育从哪里来，是汉语国际教育的历史本源探究的问题；汉语国际教育走到何处，是汉语国际教育的现状问题；汉语国际教育要去哪里，就是汉语国际教育的走向，是汉语国际教育的未来发展问题。从这几个问题上进行思考，势必应该深入、系统地研究汉语国际教育的可持续发展，从宏观上加强对汉语国际教育的政策环境与路径等问题的研究，从微观上深化对汉语国际教育的教学方法、教学手段、教学目标、教学理念、教学评价、教学质量等问题的探索。

只有不断提高汉语国际教育研究的理论水平，重视汉语国际教育的专业化、学科化发展，才能促进汉语国际教育的实践成效，以使汉语国际教育更好地服务于国家的文化推广事业。

3. 关于汉语国际教育的质量控制

当前，除了HSK可在一定程度上充当汉语国际教育的评价标准之外，还没有一个统一的汉语国际教育的既定评价范式。而HSK在更多的时候扮演着测定来华留学生汉语学习水平的角色，而非具体地被指定为汉语国际教育的测试标准。从现实情况来看，我国当前在世界不同地区创办了数以百计的孔子学院和孔子课堂，招收了数以万计的学生，但是对于学生们汉语学习水平的测定，公认的、普遍的统一标准尚未形成。在全球经济化的今天，国际的人才流动，面向世界性就业市场的就业、求学都变得非常普遍。因此，在汉语国际教育不断发展的征途上，我们有必要加强对通用的汉语国际教育质量评定标准的构建，逐步形成影响力大、认可度高、适应性强的质量评价标准，以使汉语国际教育能在不同区域、不同形式下获得相对统一的发展指导和质量认定，打破因缺乏统一认定标准而导致的汉语国际教育壁垒。

三、汉语国际教育的发展动向

（一）汉语国际教育的地域拓展

"语言推广既是各国维护人类文明共同的责任，又是一国融入经济全球化的必然选择。""从对外汉语教学到汉语国际推广，其实质是国家把汉语国际教育的工作重心由国内转向国际，把汉语国际教育的主体由来华留学生转而锁定为海外社会各年龄阶层的学生。"这是汉语国际教育发展转型的显著体现。从孔子学院汉语教学这一重要的汉语国际教育形式来看，我们都知道，世界上第一所孔子学院是在韩国创办的。这所孔子学院的创办有很多特点：第一，韩国是典型的亚洲国家，在地域上属于中国的近邻；第二，在历史上，韩国是长期受中国文化和中华文明影响的国家，韩国对中国语言文字的接受和中国文化的学习可追溯到1000多年前；第三，韩国在经济发展方面，与中国具有极其密切的贸易关系。深入分析，从世界上第一所孔子学院在韩国创办到目前的发展状况看，孔子学院发展历程的典型特征表现为地域上由近及远、文化上由同源向差异的延伸，孔子学院的数量在逐年增加。

从世界范围来看，早期创办孔子学院的国家，一方面，在政治上与中国关系较为密切，中国的汉语国际教育推广大多是首先由中国提出，然后取得所在国的同意，继而创办孔子学院、孔子课堂；另一方面，在经济上与中国有较高的依存性和互动性，且孔子学院、孔子课堂大多分布于经济发展水平较高的国家。但时至今日，汉语国际教育的推广方式发生了明显的转变，创办孔子学院的要求也发生了显著的变化。当前，有相当一部分后发型国家、第三世界国家出于与中国扩大政治、经济交往的需要，不断要求与中国合作共建孔子学院、孔子课堂，通过推广汉语，促进两国的经济贸易及旅游的往来。在今天的时代背景下，"汉语资格证在海外人眼中成为一张求职的名片，一张烫金的名片。在美国、越南、澳大利亚等国家，获得汉语资格证的人从业机会相对增多，待遇相对较高。越南胡志明师范大学中文系的毕业学生在试用期间的月薪就在700元人民币左右，转正之后待遇在1000元人民币以上，而其他专业的毕业学生月薪不到400元人民币。汉语专业是越南大学就业最好的专业，会汉语比会其他语种或其他专业的人更具求职的优势。社会对汉语人才的广泛需求，使汉语学习成为一些国家国民的自觉要求"。外国人对汉语国际教育的态度已经明显从"被动适应"转变为"主动需求"。

回顾世界上孔子学院和孔子课堂的创建历史，我们可以清楚地发现，早期的高校合作共建的孔子学院主要集中在东南亚国家、中亚国家、东北亚国家，随后向法国、俄罗斯等欧洲国家延伸，再逐步进入美洲和非洲国家。除此之外，早期的汉语国际教育推广与国家间的经济依存度和经济发展水平相关，如美国是中国在世界上最大的贸易伙伴，泰国是中国东盟自由贸易区中与中国贸易额最大的国家，韩国也是中国较大的对外贸易伙伴等。可以说，地域上的邻近、文化上的认同、政治上的影响是制约汉语国际教育推广的重要因素。但是演进至当下，经济依存关系、地域上的远近已不再是汉语国际教育推广的核心因素，汉语国际教育由早期的亚洲国家、美洲国家逐步向大洋洲国家、非洲国家发展。

（二）汉语国际教育的内容深化

语言是文化的载体，语言和文化的关系实际是融合关系，语言推广，必然带动文化推广。在过去相当长的一段时间内，汉语国际教育的地域不受限制，而且教学的内容更多的是语言的推广，文化传播的力度相对较弱，外国对中国的文化缺乏正确、深入的了解和认识。语言不仅仅是交际工具，随着中国在国际上地位的不断提升，我们的汉语国际教育正肩负着传播中国文化、传扬中华文明、提升国家软实力的重任，这些都需要将过去传统的低水平的汉语言输出提升到汉语文输出上来，提升到中国国际形象的展示上来。中国文化具有5000多年的历史，孕育了辉煌的中华文明，是人类文化宝库中十分重要的文化形态，具有巨大的魅力。文化魅力是文化软实力的前提和源头活水，提高国家文化软实力，首先必须借助语言这个载体，将汉语言传播提升到汉语言文化传播上来。

汉语推广与文化传播密不可分。文化是一个民族的灵魂，是文明进步的内在驱动力。汉语的国际推广，一方面可以让外国人从对中国语言的学习中了解中国，了解中国文化；另一方面可以通过汉语国际教育的环境氛围，逐步让外国人了解中华文明的精神实质，感受中华民族热爱和平、友善、博爱的思想行为。

只有文化大国才可能成为世界强国。一种语言被广泛接受后,以这种语言为母语的国家和民族的文明因子也会潜移默化地影响人,甚至影响政治话语权。当代中华文明发展的趋势可以简单地概括为打开国门,走向世界。打开国门,是在保持自己民族优良传统的同时,更注意吸取其他民族创造的优秀文明成果;走向世界,是指带着本民族的优良传统,融入世界文明的潮流之中。汉语国际教育的推广不是单向的,在汉语国际教育的发展历程中,也存在对传入国文化的吸收,这是一个相互学习、优势互补的双向交流。必须看到,每个民族都有自己的文化,都有自己的文明和历史,汉语国际教育不仅是一种文化的输出和文明的传扬,更是一种对等的文化交流。只有秉持"开放性地传播、包容性地吸收"的汉语国际教育理念,在汉语国际教育的过程中不断吸收异质优秀文化,包容不同文化间的不同理念、不同信仰,坚持以我为主、为我所用、辩证取舍、择善而从,积极吸收、借鉴国外文化发展的有益成果,才能更好地推动我国文化的发展和繁荣。

第三节　汉语国际教育市场分析

一、汉语国际教育市场发展的优势分析

(一)政府政策支持

中国政府非常重视汉语国际教育工作和汉语的国际传播与推广,成立了很多致力于汉语国际传播的相关部门。1987年,中国政府成立了"国家对外汉语教学领导小组",简称"汉办",并由此承办了孔子学院。教育部有国际交流与合作司,国务院下属侨办负责华文教育和华语传播,文化部也有专司文化传播的部门,这些机构都为汉语的国际传播和推广以及文化的交流与融合做出了贡献。

中国国家领导人历来十分重视汉语的国际教育与传播工作。国家领导人多次参与孔子学院的授牌、挂牌仪式并做重要讲话。全球孔子学院建立10周年暨首个全球"孔子学院日",国家主席习近平致信表示:"孔子学院属于中国,也属于世界。中国政府和人民将一如既往地支持孔子学院发展。"

(二)经济力量支持

在新常态的经济背景下,中国相继提出的这一系列经济战略都需要汉语和文化的支持。只有汉语的广泛传播,才能更好地在多边经济贸易中发挥语言的工具作用;只有外国人懂得中国文化,正确地认识中国,中国的对外投资、产品的对外出口才不会遭遇种种障碍,才能合作共赢,实现"一带一路"等经济建设的目标。中国经济持续稳定的快速发展,吸

引了越来越多的外资企业入驻，外籍人士和来华留学生前来工作和学习。这除了受到我国经济新常态的影响外，还有世界工厂的东南亚转移及美国经济的强劲反弹等因素的影响。来华留学生人数变化与经济的发展状况是有直接关系的，经济因素在一定程度上影响着来华留学生的数量，两者之间大致呈正相关关系。经济的发展与我国汉语国际教育工作的开展有密切的关系。一方面，中外多边经济贸易的发展需要汉语这一语言工具的服务，经济的发展有利于提高汉语的使用率和普及率，从而促进汉语的国际传播与推广；另一方面，汉语的国际传播也有利于打破经济贸易中的语言障碍，促进中外多边经济合作，加强中国与世界各国的联系，有利于实现中国新型的全球化战略。因此，经济的发展是汉语国际教育市场发展的必要条件。

（三）母语环境优势

中国是世界上唯一一个以汉语为母语的国家，具有独一无二的语言环境。除了中国，任何一个国家都不能提供标准的、真正意义上的汉语学习的语言环境。因此，中国对于汉语国际传播有独特的母语环境优势，同时，汉语也具有独特的语言魅力。从九大语系的划分来看，汉语属于汉藏语系，无论是从语音、词汇、语法，还是汉字书写上，都与其他语系存在巨大的差别，甚至与汉语极具历史渊源的日语及朝鲜语都与汉语有很大的差异。所以，世界上没有任何语言可以替代汉语学习。外国人士要想学好汉语，最好的方法就是来到中国学习和生活，或者在世界各地的孔子学院参加正规、地道的汉语学习。在中国学习汉语的来华留学生和外籍人员，是我国汉语国际教育市场的重要组成部分，为汉语国际教育市场带来巨大的发展空间。汉语独特的语言环境应该成为我国发展汉语国际教育、扩大汉语国际传播的又一大优势。

二、汉语国际教育市场发展的机会分析

（一）中国国际地位的提升

中国是世界上最大的发展中国家，是联合国常任理事国。随着中国综合国力的不断提高，中国在国际上拥有越来越多的话语权，国际地位也在不断提升。从之前的介绍中可以看到，我国政府对汉语国际教育的重视和中国经济力量崛起是对汉语国际教育发展的强有力的支持。此外，中国文化在全球范围内的影响力也越来越大。2008年中国举办了第29届夏季奥运会；2010年中国举办了世博会；2022年中国在北京和张家口举行冬奥会，这些盛会都是将中国文化推向世界的重要途径，也获得了全世界对中国文化的关注和认可。另外，全世界掀起了汉语学习的热潮。俄罗斯、柬埔寨等17个国家纷纷在中外联合声明和公报中要求办好孔子学院，开展汉语教学。美国犹他州和特拉华州联合撰文，呼吁汉语成为美国年轻人的必备技能。除此之外，中国还与许多国家互办了"文化年"活动，如

2015年中英共建"中英文化交流年",2016年的"中美旅游年""中埃文化年",以及中国与拉丁美洲和加勒比地区举办的"中拉文化交流年"等,都是中国文化影响世界的例证。

中国国际地位的不断提升对于发展汉语国际教育市场来说是一个机遇,这将在一定程度上拓展汉语国际教育市场,促进汉语国际传播的发展。

(二)"一带一路"倡议

2013年9月和10月,国家主席习近平在访问中亚和东南亚时分别倡议建设"丝绸之路经济带"和"21世纪海上丝绸之路",简称"一带一路"。"一带一路"倡议主要覆盖65个国家,涉及约40亿人,占全球人口的63%,经济总量约21万亿美元,约占全球经济总量的30%,是目前世界上跨度最大、覆盖面最广的新兴经济带。

十年来,全球100多个国家和国际组织积极支持和参与"一带一路"倡议;联合国大会、联合国安理会等重要决议也纳入"一带一路"倡议内容;中国同40多个国家和国际组织签署了合作协议,同30多个国家开展机制化产能合作。2014—2016年,中国同"一带一路"沿线国家贸易总额超过3万亿美元;中国对"一带一路"沿线国家投资累计超过500亿美元;中国企业已经在20多个国家建设了56个经贸合作区,为有关国家创造近11亿美元税收和18万个就业岗位。

"一带一路"倡议要求政策沟通、设施联通、贸易畅通、资金融通、民心相通。实现这"五通"的基本前提是要"语言通",因此,汉语的国际传播具有巨大的发展空间。汉语国际传播必须紧紧抓住"一带一路"的现实机遇,借力中国与"一带一路"沿线国家经济贸易的密切合作,顺势发展。

长期以来,人们都低估了文化交流在国际合作中的作用,将其看作政治、经济交流后的"附属品"。而实际上,文化在国际合作中的桥梁作用是其他要素无法替代的。2014年,"丝绸之路:长安—天山廊道的路网"成功入选《世界遗产名录》,涉及3个国家33处遗迹,中国占了22处。"丝绸之路"的成功申遗,让古老的丝绸之路重焕生机,有利于促进中国与周边国家乃至世界文明间的沟通和交流。目前,我国正在大力推进与"一带一路"沿线国家的"文化年""旅游年"等文化活动。例如,2016年为"中印旅游年",举办了"中印旅游交流论坛""中印旅游展览"等多场文化旅游活动。总之,"一带一路"倡议促进了中国与沿线国家间的文化交流,而文化传播以语言为载体,各国文化间的沟通与交流必然带动汉语的国际传播与推广。

(三)"一带一路"建设中汉语国际教育的作用

1. 为推进"一带一路"建设提供国际化人才培养路径

"一带一路"策略的实施,需要大量经贸合作的国际化人才,而汉语成为这一策略中的关键语言。汉语国际教育能为"一带一路"建设培养三个层级的国际化人才:

一是通用汉语人才。培养目标是能理解与日常生活和工作相关的,以及在一般交际场合中遇到的基本语言材料；能对熟悉的话题与他人进行沟通和交流；能用汉语满足基本的交流需要。

二是复合型汉语人才。培养目标是既懂汉语知识又懂专业知识的复合人才，也就是"语言+专业（工程技术、商贸、法律、文化艺术、政治等）"的复合型人才。

三是高级汉语人才。培养目标是精通汉语，对中国国情和文化有深刻的理解和掌握，能够进行各专业领域分析和研究的"中国通"和汉学家。

2. 为推进"一带一路"倡导的"五通"提供语言、文化服务

"一带一路"倡导的"五通"，即政策沟通、设施联通、贸易畅通、资金融通和民心相通。在"一带一路"的建设过程中，相应的政策协商、贸易往来、设施建设等，都需要汉语的辅助，准确、恰当的语言沟通将为经济互惠铺路搭桥；同时，"一带一路"也是各国文化相互交流的新平台。发展战略建设的成功更多地依赖于中国与世界的关系、中国人民与世界人民之间的相互理解，没有对相互国情和文化的理解，基础设施建设、跨国贸易、资金流通、政策沟通等方面就都会面临困难。无论是学习各国文化，还是宣传中国文化，要想真正实现表情达意、民心相通，把握好各国语言及汉语的载体作用非常重要。因此，汉语国际教育在实现"五通"的过程中一定会大有作为。

综上所述，"一带一路"的建设赋予汉语国际传播新的内涵和动力，为汉语的国际传播提供了不可多得的历史机遇，形成新的传播途径。当前汉语的国际传播应该借助"一带一路"倡议，搭上"一带一路"经贸发展的"顺风车"，努力培养产业经济合作所需要的高端汉语人才，提高企业的语言竞争力和国际化能力，推动汉语在"一带一路"沿线的传播，加快汉语国际化的进程。

（四）教育市场向多元化发展

中国的教育市场本身就是一个动态的、不断变化的发展过程，从无到有，从少到多，从小到大，从简单到复杂，从单一到多样化，从区域性、地方性到跨省乃至跨国界。汉语国际教育市场作为中国教育市场的一部分，自然也受到这种客观规律的影响。在发展中顺应这种多元化的发展变化趋势，就使得汉语国际教育的市场具有更大的发展空间和潜力。例如，孔子学院就是我国汉语教育市场向海外扩展的重要途径，是汉语国际教育市场全方位发展的重要一环。教育市场的多元化发展有利于汉语国际教育市场规模的不断扩大，教学品质不断提高，品牌效应不断增强。

（五）汉语国际教育网络教学的兴起

目前，汉语国际教育网络教学主要依靠网站，综合利用文字、图片、动画等多媒体素材，由网站专业人员开发课件，将课程生动地展现给学生。根据网站的规模，可将汉语国际教育网站分为大型网站和中小型网站。

第一，大型汉语教学网站，如汉语网、网络孔子学院、网上北语、长城汉语等。这类

网站资金雄厚，有固定的师资团队，甚至有开发软件的技术团队，可提供多语种版本，板块众多，数据库丰富，学习资源种类多，涵盖面广，信息更新快。网络课程主要通过视频与音频的形式展开，分为入门、初级、中级、高级等级别，还有中国文化教学、中华诗词教学等特色板块，内容丰富，趣味性强。大部分网站有很多免费资源供学习者在线学习或下载，如汉语词典、中文语料库、中华诗词等语言工具书，以及汉字练习、在线听读、测试题库等学习软件。

第二，中小型汉语教学网站。这类网站主要由私立公司创办，规模一般都不大，如中文在家、活动全球语言社区等。这些中小型汉语教学网站的在线教学形式主要是录制好课程视频放在官网上，或者通过网络直播软件来实现现场教学。这类网站基本上会赠送一次试听课，然后由学生自主选择相应的课程，其主要优势在于上课时间和地点可以自由选择，让远离中国的学者也可以注册学习。能够实现与对外汉语教师的实时交流，灵活性大，费用相对于面授课程来说也要低很多，具有很大的价格优势。

目前，世界上不少国家的学校采用了网上教学，为网络汉语教学带来了一个历史性发展机遇。尤其是国内开展留学生汉语教育的高校，纷纷开展了多种形式的网络汉语教学，或采用已有的网络汉语精品课程，或采用网络直播，或采用录播等形式开展教学，可以说在一定程度上推动了网络汉语教学的发展。

第二章 国际中文教育的历史、现状与未来

第一节 国际中文教育的历史回顾

国际中文教育在2019年之前称作"汉语国际教育"。"汉语国际教育"既是一项事业，又是一门专业（学科）。作为一项事业，指通过在海外设立机构开展针对外国人的中文教育，是国家"汉语国际推广"战略的重要举措，是"有组织、成建制的汉语国际推广工作"。"汉语国际推广"最早可以上溯到20世纪50年代初，而真正意义上的国家行为始于1987年"国家对外汉语教学领导小组办公室"的成立（后改名为"国家汉语国际推广领导小组办公室"，简称国家汉办）；2005年，党中央、国务院进一步将"汉语国际推广"确定为国家新的文化发展战略；"汉语国际推广"工作，对内主要包括设立机构、建设学科、建设基地、选拔师资等，对外主要包括设置推广机构、开发语言测试、制定相关标准、召开国际会议、开展国际交流等。2019年首届国际中文教育大会的召开，显示"汉语国际推广"正在走向"中文国际传播"。作为一门专业（学科），是从"对外汉语教学"发展而来，旨在为事业发展培养人才队伍。学界的相关研究大致分为4个块面：事业发展政策方略的宏观研究，涉及教材、教师、课程、教法等的教学体系研究，"汉语国际教育"学科理论与学科建设研究，孔子学院建设与管理。2019年值得关注的研究内容主要包括"汉语国际教育"学科建设、国际中文教育教学体系构建、孔子学院建设与管理。

一、"汉语国际教育"学科建设

以促进学科可持续发展为宗旨，2019年的相关研究从学科建设总体架构、学科性质、学科知识体系、学科理论研究、专业设置与人才培养等多个方面进行了探讨。

关于学科建设总体架构。一是面向汉语国际教育的汉语语言学体系；二是汉语第二语言教学法体系；三是文化教学体系；四是教师教育体系；五是汉语国际教育评估体系、留学生教育与多语多文化教育政策体系；六是汉语第二语言学习者认知与习得体系。

关于学科性质。汉语教学学科是以汉语言文字教学为基础的，关涉汉语言文字学、应用语言学、理论语言学、教育学、心理学、文学以及跨文化交际等多学科的交叉性学科；

核心任务（或者说出发点和终极目标）是想方设法帮助外国的汉语学习者尽快、尽好地学习、掌握好汉语，特别是汉语书面语；指导思想是培养外国学生较好的包括语言能力、文化品格、思维品质和学习能力的综合汉语素养；基础性教学内容是汉语言文字，其他方面的教学都是为汉语言文字教学服务的。吴应辉（2019）认为，汉语国际教育作为一个交叉学科，是指不同一级学科而非二级学科之间的交叉，其主干学科是"中国语言文学"和"教育学"两个一级学科，此外还涉及传播学、外国语言文学、哲学、历史学等其他一级学科，如果将汉语国际教育界定为二级学科层次上的交叉，则存在明显的局限性。贾益民（贾益民等 2019）认为，应在汉语言文化学科基础上，探讨汉语国际教育跨学科、跨领域、跨文化、跨国别、跨民族的特性与规律，而不能以其他学科替代其汉语言文化教育的学科属性；各相关学科内容的吸纳应建立一个取舍"标准"。

关于学科知识体系。崔希亮（2019a）从汉语国际教育的基本问题（教什么、怎么教、怎么学、在哪里教、教什么人、用什么教、用什么方式教、经常遇到哪些困难等）入手，分析指出汉语教师需要具备语言表达、课堂组织、外交、外语、理解、科学研究、跨文化交际、现代教育技术应用等多方面能力，基于这些能力需求，认为汉语国际教育的学科知识体系应该包括10个方面：语言学知识、教育学知识、汉语言文字学知识、传播学知识、中国文化知识、中国历史地理知识、中国社会知识、世界文化知识、网络与智能技术知识和百科知识。贾益民（2019）认为，汉语国际教育知识体系的构建必须体现其作为国家和民族的一项伟大事业的价值需求，回答汉语国际教育目前面临的重大现实问题；必须适应汉语国际教育自身学科建设与发展的需要，突出汉语言文化学科自身的特点和规律；必须把海外华文教育纳入其中。吴应辉（2019）认为汉语国际教育知识体系应体现八大特色：语言与文化有机融合；多学科交叉一体；体现教育规律；学科与事业衔接；普适性与本土化并存；中国特色与国别特色兼顾；与社会生活关联；不同文明交流互鉴。赵金铭（2019）强调，知识体系的构建与创新所关涉的所有领域的研究，都应以汉语本体为依托，体现汉语特点。离开汉语本体研究，相关研究都将无从进行，未免舍本逐末。汉语虽存在于世界语言共性之中，但有些根本特点是世界其他语言所无，这些特点明显地影响着汉语的教与学。

关于学科理论研究。吴应辉（2019）指出，要树立创建世界一流的汉语国际教育学科理论体系的学术自信；要充分体现问题导向，主动服务国家战略，在语言文化走出去、提升中华文化软实力等领域有所作为；要做好汉语国际教育学科理论体系建设的顶层设计；要坚持"学科"研究与"事业"研究并重；要坚持继承、转型与重构并行；要设立专门机构牵头组织实施、分工协作；要增强学术原创能力，深入开展不同区域、国别、语别的汉语国际教育相关研究，在解决实际问题中寻求学术创新，产出大批高水平的学术成果，形成独具特色的理论体系；要正确处理国际接轨与汉语特色问题，建构一套二者兼顾的理论体系；要积极开展国别服务，如国别汉语教育政策研究、标准研制、教学资源研发等，为有需求的国家量身定制，服务国别汉语教育事业。曹秀玲（2019）认为，汉语国际教育提升学术原创力要做到5个结合：一是理论创新与汉语教学实践相结合，打破思维定式和路径依赖，在汉语语言事实描写和教学经验总结基础上进行理论提升，提出中国概念和中国理论；二是微观、中观的基础研究与宏观的顶层设计相结合；三是继承与创新相结合，在继承丰厚的学科积淀基础上，依托现代科技手段，拓展研究思路，优化研究方法，创新思维和话语表达方式；四是引进与输出相结合，畅通国内外合作交流平台和机制，扩大中外学者（界）的交流与沟通，进一步打破双方各自为战的"隔膜"状态，大力开展合作研究；五是中国理念与国际话语方式相结合，依托学界熟悉国际话语体系和较强的跨语言文化沟通理解能力，让更多汉语事实、语言理论和中国话语为国际社会所了解和接受。鲁健骥（2019）强调，汉语国际教育学术研究既要高精尖，更要接一线教学的地气，为一线教学提供充足的丰富的资源。

关于专业和学科点设置。文秋芳（2019）针对"汉语国际教育"本科专业布点多、学生就业难，而硕博士点总体发展滞后，硕士点增加速度过快、博士点数量不足的问题，建议逐步撤销本科专业，限制硕士点的增速，适度扩大博士点，提升硕士、博士点建设的质量；招生对象要从以国内学生为主转向以国外留学生为主，重点为培养国外本土化教师服务。陆俭明（2019）也认为应压缩、调整目前"汉语国际教育"的本科专业，可适当保留若干所学校开设此本科专业，主要培养中小学中文教师和国际中文教育的管理人才；大量的中文教师应在硕士、博士阶段培养，生源主要来自中文系、教育学系和外语学系，培养真正称职的中文教师。吴应辉（2019）则建议，改变目前在"教育"博士专业学位类别之下增设"汉语国际教育"领域的做法，独立设置"汉语国际教育"博士专业学位类别，认为这是提升"汉语国际教育"学科体系的关键环节之一，是"独立学科"之说的理论基础。

二、国际中文教育教学体系构建

关于教材。陆俭明（2019）指出，要重视并抓好国际中文教育中字、词、成语、语法点的基础性研究工作，解决好"多少""哪些""孰先孰后""递增率该是多少""复现率该是多少"等问题，使教材编写真正能够建立在科学的基础上；要重视和抓好高质量、成系列的中文教材，以及影视类视听说信息化、智能化中文教材；要将中华文化精神和价值观、人生观的文化教育内容浸润于中文教材之中。文秋芳（2019）建议"国别化"教材的编写任务由外国学者承担，或中外合作完成，而不应由我国学者或出版社"越俎代庖"、错位谋划；中方的"分内"事是出版高质量的中文教学语法、对外中文教学词典、对外通用中文教程、对外学术中文教程等，同时探索具有中国特色的外语教育理论和体系，增强在国际中文教育中的话语权。

关于教学法。刘珣（2019）指出，构建教学法体系不能照搬西方的教学理论和教学方法，要特别强调从中文和中文教学的特点出发，发现中文教学的特殊规律，从而建立并完善真正适合于中文教学的教学法体系，比如当交际法、任务法否定或不十分重视语言结构教学的时候，可以从中文教学的实际出发，明确提出中文教学必须以语言结构的教学为基础。

关于语言教学和文化教学的关系。李泉（2019）认为，"对外汉语教学"跟其他第二语言教学一样，有其自身的教学规律，其中的文化教学有特定内涵和功能，过于强调汉语教学的文化传播功能，是对这门学科的误解。陆俭明强调，有成效的文化教育要浸润于语言教学之中，尤其是要浸润在中文教材之中；对于中文教学的文化传播作用不应过分强调与夸大，要摆正语言教学与文化教育的关系，要以语言教学为主，文化教育是伴随性的。陈绂（2019）强调，要对中华文化的内容和特质有深刻的认识，正确地掌握将语言教学与文化教学密切地结合在一起的法门。文秋芳（2019）提出语言文化的具体教学策略，根据语言表达过程，将语言文化（languature）分为主题、语篇、情境和语言本体4个维度，同时将这4个维度放置于由强到弱的可分度连续系统上；主题维度上的语言文化可分度最强，应以开放、相互尊重的态度，相互学习彼此文化，增加相互理解；其余3个维度上的语言文化可分度相对较弱，可依据不同学习动机，采取"明语言隐文化"或"明文化隐语言"的教学策略。徐正考（2019）和崔希亮（2019b）则建议加强汉字和书法教育。

三、孔子学院建设与管理

从2004年开始，我国在借鉴英、法、德、西等国语言推广经验的基础上，探索在海外设立以教授汉语和传播中国文化为宗旨的非营利性教育机构"孔子学院"。19年来，孔子学院建设快速发展，已成为世界各国人民学习汉语和了解中华文化的园地，中外文化交流的平台，加强中国人民与世界各国人民友谊合作的桥梁，受到广泛欢迎。同时，当前也面临外部环境严峻和自身建设不足两方面的问题。我们重点分析了孔子学院自身建设在布局设点、管理运营、"三教"本土化、文化展示与传播能力建设等方面的困难、不足和问题，在此基础上，主要从以下4个方面提出了对策建议。

第一，师资建设。徐丽华、包亮（2019）提出开展两方面变革：一是政策变革，包括汉办试行职能下放、强化标准引领、关注专业开设院校与合作院校的适度平衡、提高教师待遇并保障教师的职业发展；二是合作院校师资供给主体变革，包括注重孔子学院师资培养相关专业建设、加强专职师资队伍建设、探索中方院长的培养模式、联合外方合作院校构建孔子学院本土汉语教师培养模式。王彦伟、周冰玉（2019）指出，中国教师的使用和管理应更多地依靠政府政策，本土教师的培养和使用应更多地遵循市场化的规律，志愿者教师管理应坚持"志愿精神是核心，政府组织是保障，经济补贴是维持"。金志刚、史官圣（2019）认为，应加强国别或区域定向师资培养，完善中方教师岗前、岗中培训体系。张欣亮、童玲红（2019）指出，要加强国际师资交互，促进中外教师利益共同体认知的形成,打造"跨境校验团队",以促成区域汉语教育本土化的实现,形成平等、互惠、活跃的汉语教学合作态势。

第二,课程设置与教学改进。张欣亮、童玲红(2019)建议针对当地行业对复合型人才的实际需求,开展"中文+职业技术"的跨境教学项目,实现中文特色课程从"孔院供给"到"需求匹配"的转变。陈锦娟、陈肯(2019)提出,面对关于简繁汉字的跨文化误读问题,应按需教学并改革汉字教学法,尤其要考虑技术改革,改汉字教学目标为"辨认汉字和拼打汉字"。徐永亮、徐丽华(2019)认为,要加强研究,针对受众特点开展文化教学、设计文化活动,并通过开展社会公益活动提高在当地媒体的显示度,提升孔子学院的文化传播力和影响力。

第三,管理机制完善。尹春梅、李晓东、吴应辉(2019)指出,要改善孔子课堂分布格局,启动重点国别和重点机构孔子课堂评估,建立片区管理中心,建设"普适+特色"评估指标体系。徐永亮、徐丽华(2019)建议设立区域孔子学院事务协调中心和巡视制度落实测评机制,完善孔子学院内部民主监督和中外方院长考核方式,制定机构知识管理方案和档案管理制度;在非洲,还要重视安全问题,制定安全条例和应急保障预案。王彦伟、周冰玉(2019)建议打造职业化管理队伍,培养孔子学院领域的"职业经理人";同时,建设知识管理系统,培育标准化、流程化和系统化的意识和认识,打造"依靠人才但不依赖人才"的孔子学院管理系统。刘宝存、张永军(2019)提出建设"一带一路"沿线国家孔子学院网络联盟和大数据平台。

第四,运营机制改革。刘宝存、张永军(2019)认为,要把为企业提供有关服务作为孔子学院办学目标之一,积极促进现有孔子学院与驻在国有中方背景的企业发展需求对接,由孔子学院总部牵头,并争取国家发展改革委、外交部、商务部等部门的支持,建立有中方背景企业参与的孔子学院新模式;要改变过去由外方主动申请创办孔子学院的单一模式,增加由中方直接提出与外方合作创办孔子学院的模式;要扩大资金来源渠道,争取获得中外方企业以及社会机构的赞助或资助。王彦伟、周冰玉(2019)提出要整合中文学习者和沿线投资企业两类目标群体需求,根据"一带一路"沿线经济社会现状细分目标市场,提供差异化的产品和项目,打破沿线地域壁垒,促进区域资源和资本的流动。

第二节 国际中文教育现状

中国的和平发展,吸引了世界众多的汉语学习者。这期间,汉语作为外语教学在世界范围内广泛推进,伴随而来的是研究领域的扩大、研究成果的卓著,同时也显现了国际汉语教育研究中存在的问题。回首"十一五"期间国际汉语教育走过的历程,瞻念未来"十二五"期间国际汉语教育的发展前景,择要总结以往学科的发展,审慎预示学科研究将要深化和拓展的领域,将有助于国际汉语教育研究的顺利开展,将更加有力地推动汉语加快走向世界的进程。

一、"十一五"国际汉语教育研究主要进展与薄弱环节

(一)明确了"国际汉语教育"学科定位,构建并完善了学科体系研究框架

近年来,随着汉语加快走向世界,以往在中国语境下的"对外汉语教学"已经不能涵盖世界范围内蓬勃发展的"国际汉语教育"。我国以接收外国留学生学习汉语为主的对外汉语教学,正以积极的姿态参与并融入国际汉语教育发展和建设的更大的洪流之中,成为其重要的组成部分。这就为我们传统的对外汉语教学研究带来了无限的机遇与挑战。今天的国际汉语教育是不是一个学科?这个学科目前所面临的最大挑战是什么?都是值得我们研究和探讨的问题。

我们认为,国际汉语教育承袭了对外汉语教学学科研究的传统,是一个内涵更深、外延更广的学科。该学科目前所面临的问题是,社会上对它的性质和地位还存在诸多误解与偏见。从对外汉语教学,到汉语国际教学,再到国际汉语教育,本学科的"内涵更加丰富,体系更加完备,视野更加开阔,范围更加广泛,研究理念更加先进,研究成果更加丰厚"(赵金铭,2006)。国际汉语教育的学术定位属于第二语言/外语教学。学科定位属于应用语言学。学科内涵为基于"大汉语"概念的汉语作为第二语言外语教学,下辖国内的对外汉语教学(汉语作为第二语言教学)、海外的汉语作为外语教学。外延则包括国内外汉语作为第二语言外语教学管理,汉语教师的培养与培训,以及汉语国际传播和汉语国际推广的相关工作。之所以称作"国际汉语教育",是因其涵盖面更宽,不仅仅是汉语作为第二语言教学外语教学,国际汉语教学的推进还伴随着中国文化在世界范围的介绍与传播。加强汉语教学与文化教学之关系的研究,探索国际汉语教育中的文化传播方略与模式,亦为题中原有之义。

自从已故语言学大师王力先生提出"对外汉语教学是一门科学"以后,对外汉语教学在业内已逐渐形成一种共识,公认对外汉语教学是一个学科。如今这个学科内涵与外延正在扩大,基于这种需求,业内确立了以汉语国际教育职业需要为目标的国际汉语教师的三大能力培养,即:汉语作为第二语言教学能力、中华文化传播能力和跨文化交际能力。此外,为适应海外汉语教学环境,还特别强调汉语课堂教学组织与管理能力的培养,以及教师基本素质的养成与教师的自我发展,为国际汉语教师培养与培训的课程体系的建设明确了方向与目标。

(二)学科研究更加精密化,开拓了新的研究领域

国际汉语教育学科,研究的范围不断扩大,并日益精密化。汉语作为第二语言习得研

究、汉语课堂教学技能研究、适合海内外的汉语教材的研发与创新研究、中国文化及其传播研究、跨文化交际研究以及不同国家和地区汉语教学的课堂教学案例研究，都在蓬勃开展。

近年来，特别是围绕着国际汉语教育所开展的跨学科研究与交叉学科研究得到加强，现代教育技术广泛应用于汉语教学之中，多媒体汉语教学、网络汉语教学以及远程汉语教育有了长足的发展。汉语作为第二语言外语教学研究与心理学、教育学融为一体，学习理论与第二语言习得研究取得新的成果，学习者语言研究（中介语研究）、第二语言习得模式、习得顺序、习得规律、习得特点研究成果显著。但学习者个体因素研究因起步较晚，还比较薄弱。特别是对学习者学习动机、学习兴趣、学习策略、学习风格与学习持续性的研究，仍有待加强。

（三）建立了国际汉语教育领域的有关标准，学科研究进一步走向科学化、规范化

国际汉语教师的培养与学习者语言能力的培养，以及国际汉语教学课程设置与课程内容的确定等，均需系统性和标准化。有关标准只能由汉语的故乡——中国产出，并应与国际通用标准相衔接。《国际汉语教师标准》《国际汉语能力标准》及《国际汉语教学通用课程大纲》三个标准的出台，是国际汉语教育界的标志性成果。

培养合格的国际汉语师资，是发展国际汉语教育的关键。国际汉语教师既要兼通中外两种语言，还要兼容中外两种文化；既要热爱国际汉语教学事业和中华文化，还要有国际化的视野和跨文化交际能力；既要懂得语言教学的一般规律，又要有适应不同教学环境，因地制宜、因材施教的教学应变能力。要培养合格的国际汉语教师，除了应具有一整套科学的培养程序之外，还必须有一套完备、合理、规范的测评标准。国际汉语教师标准，从语言教学和语言学习、汉语教学法、中国文化与跨文化交际、汉语教学课堂教学组织与管理、汉语教师素质与自我发展等方面衡量教师。这个标准可以用来提供汉语教师资格认证，也可以作为评估教学质量的标准，还可以用来评估课堂教学与管理。而有了国际汉语能力标准，学习者就可以根据自己可能完成的任务来预估自己所达到的汉语能力。有了课程大纲，在字、词、语言点、话题内容教学，以及教材编写的规范控制方面，就有了科学的依据。今后，要进一步将这些标准深化和细化，建立具有可操作性的测评细则和培训计划。从建立标准，到设计实施细则，再到具体测评，三位一体，是一项系统工程，今后应加强后两项研究。特别需要将这些标准与国际通用的相关标准匹配，以便在国际上得到更广泛的使用和认可。

（四）更加重视汉语国际传播方略研究

目前国际汉语教学，主要在三个层次上展开。孔子学院主要是满足当地社区学习汉语多样化的需求；外国大学中文系是培养汉语专业人才；各种类型的华文学校是以华人华侨子女为培养对象。在这三个层次上，应具有不同的汉语传播方略。为适应国际汉语教育发

展的新变化，服务于国家发展战略研究，适应不同层次的教学需求，开展了对不同国家、不同地域、不同语言文化背景的汉语教育研究。为应对国际汉语教育出现的新形势，开展了对国际汉语教育学习者低龄化研究，对学习者学习动机多样化研究，以及对教学环境多元化研究。总体看来，"三教"问题（教师、教材、教法）的研究，日益成为研究的重点。所谓汉语教师对海外汉语教学环境的诸多不适应，汉语教材的编写不能满足海外汉语学习者的需求，汉语的课堂教学方法不完全适合海外学习者的学习习惯等，说到底，还是对汉语作为外语教学的基本理论研究不够，特别是对汉语本身的特点以及汉字的特点在海外汉语教学中如何体现研究不够。如何把汉语作为外语教给不同教学环境下、不同需求的学习者，是一个根本的研究课题。也就是说，考察新时期海外汉语教学的科学规律，探求适合海外的汉语教学法，还是我们面临的主要研究课题。与此相关，汉语作为第二语言教学的相关因素研究，还有待加强。譬如对海外汉语教学环境的研究，以及对海外汉语学习者个体因素的研究，还相当薄弱，有些领域还是空白。

（五）从比较研究中寻求自身的发展

汉语作为第二语言外语教学，有其自身的特殊性，不仅应该研究本学科教学与学习规律，还应从比较教育学的角度，与其他语言作为第二语言教学进行比较研究，还应对世界上不同流派的汉语作为第二语言教学进行比较研究。有比较，才能有鉴别，才能不断创新。我们应该研究汉语作为外语教学带有规律性的东西，要研究具有普遍指导意义的东西。作为一门学科的国际汉语教育，与其他语言作为外语教学既有共性又有个性。共性不必说，个性就是要体现汉语语音、词汇、语法的特点及其书写系统汉字所独具的特色。只有掌握了汉语作为外语教学的普遍规律，当我们走向世界各地进行汉语教学时才能结合当地的实际情况，开展有针对性的教学，形成当地汉语教学的特色，打造蓬勃发展的国际汉语教学宏伟局面。

近年来，汉语作为第二语言教学的教学理念不断更新，教学模式的研讨十分热烈，多有创获。为了保持并发扬近百年来汉语作为第二语言教学法的优良传统，对在汉语土壤上滋生并日趋完善的汉语作为外语教学法，或称综合教学法，应从理论与实践上予以提升，并与时下世界第二语言教学潮流相契合，融入其中，形成具有影响力的汉语作为外语教学法，真正立足于世界第二语言教学法之林。

二、"十二五"国际汉语教育研究的学术前沿与发展趋势

（一）国际汉语教育的新发展，导引学术研究的前沿

近年来世界范围内学习汉语的人数呈现较快增长趋势，为满足世界各地学习汉语的需要，从2005年开始，我国在96个国家和地区开设了322所孔子学院和369个孔子课堂，

形成了4000人的专职教师队伍，累计派出汉语教师17万人，比2004年增长了近80倍，为80个国家短期培养汉语教师达10万人次。孔子学院采取中外合作办学模式，以传播汉语和中华文化，促进多元文化发展为宗旨，是中华文化走出去的一大创举。从汉语教学角度来看孔子学院，其汉语教学属于多层次的、学习需求多样化的、学习者构成复杂的、学习时间相对较短而又缺乏连续性的非学历教学。为提高学习者学习兴趣，吸引学习者，并留住学习者，必须改变以往在对外汉语教学中所存在的教学手段落后、模式单一、情景缺乏的状况，采用以学习者为中心的互动式教学，汉语教师要善于用当地学习者乐于接受、容易接受的方式来教授汉语，以鲜活、生动的教学形式，学习者感兴趣的学习内容，大幅度提升孔子学院和孔子课堂的教学质量，充分调动学习者的学习积极性。孔子学院的兴起，促进了国际汉语教育事业跨越式的发展，也为国际汉语教育提供了深入研究汉语教学的广阔平台。

从2007年起，我国开始创办"汉语国际教育硕士专业学位"，目前已累计招收在职与全日制学生2000余人，2009年又招收1020名外国汉语教师奖学金生，攻读专业学位。孔子学院、汉语志愿者教师和汉语国际教育硕士专业学位，此三者，是国际汉语教育事业中前途广阔的新生事物，为国际汉语教育研究工作开辟了新的领域。诸如孔子学院的汉语教学模式和中国文化介绍与传播模式研究，专业学位的课程设置体系与实习实践体系研究，国际汉语教育师资培养与培训体制及培养模式研究等，都具有广阔的研究前景。从长远来看，最重要的是，大力培养本土化的汉语教师，深入比较不同语言文化的异同，探索汉语教学本土化的教学方法，编写本土化的汉语教材，让本土化的汉语教师现身说法，提升汉语学习者的学习积极性。

今后，国际汉语教育的大发展，仍将推动本学科学术研究前沿，导引本学科学术研究的走向。

（二）重视对华侨、华人的汉语教学

在全世界4000多万汉语学习者中，华侨、华人学习者竟占70%。学习汉语，对他们来说，不仅是保持自己的语言，或学习一种语言，还有更深层的文化含义，那就是对中华文化的认同。

因此，在对华侨、华人的汉语教学方面，大力培养了解本地情况的合格师资，编写针对性强、更具本土特色的教材，以丰富多彩的中国文化吸引学习者，采用符合当地教育传统的教学方法，提升华人华侨汉语学习积极性，是汉语国际传播中十分重要的问题。华人华侨学习者是一个特殊的学习者群体，他们有着自己的语言文化背景，有着深远的中国文化渊源，处在一个复杂的学习环境之中，中国传统的语言教学理念深深地影响着他们，因此，必须专门研究，编写专门的汉语教材。"华文教学"具有自身的特点，我们应据此全

面思考有关华文教学的问题,针对华人、华侨的特点,加强华文教学的教材、教法和师资问题研究。

(三)着力化解所谓"汉语难学"问题

在汉语走向世界的过程中,不应忽视"汉语难学"这一国际上广为流传的偏见及其负面影响。有一种误解,认为汉语很神秘、很难学。虽然这是个伪命题,但它对汉语学习者的影响却不容低估。故首先应突破这一观念的束缚,并结合教学实际努力化解所谓"汉语难学"的问题。赵元任(1980:221)说过:各国语言里不同的方面各有难易,平均说起来,我觉得中国语言在世界上,对于没有学过任何语言的孩子,可以算是中等,也不特别难,也不特别容易。"因此,为了将学习者引进门并能保持学习的兴趣,我们应进一步科学审慎地论证和试验"先语后文"的教学模式,特别是针对母语文字为拼音文字的汉语学习者。在初步掌握汉语口语之后,可以较为顺畅地把汉字教学和认知理论有机结合起来,突破汉字教学的瓶颈,全面发展汉语语言能力。还应根据不同的学习目的、学习时间、学习环境,合理安排汉字学习内容,灵活多变地处理汉字教学。所谓"汉语难学",在很大程度上说的是"汉字难学"。因此,冲出汉字学习的峡谷,便会快速走上汉语学习的坦途。深入探索不同区域、不同教学环境下的各种有效的教学方法和教学模式,化解"汉语难学"问题已迫在眉睫。

(四)努力探索海外汉语教学规律和文化传播功能

探索对世界有影响力的、与国际第二语言教学潮流同步的、基于汉语和汉字特点的、适应各种学习群体和学习需求的、丰富多彩的海外汉语教学模式,仍是重要的研究课题。教学模式、教学方法不求整齐划一,一定要适合当地情况。还要关注海外学习者有效的学习时间,适当考虑教材的内容量,兼顾学习者的学习动机,选用学习者感兴趣的言语内容,因地、因人、因时地开展汉语教学。应针对不同的学习对象和目的,探讨汉字的认知与学习规律,突破汉字教学和学习的瓶颈。还应借鉴世界第二语言教学已有的成功经验,适当采用目前流行的各种有效教学方法。汉语国际教育现阶段的根本目标是:以较为轻松的学习方式,用较短的学习时间,使更多的海外学习者走进汉语,学习汉语,并乐于学下去。

国际汉语教育的主旨是努力拓展汉语教学,同时传播中华文化。我们应将汉语教学方式、方法的研究与文化传播途径、方略的研究同时进行论证。目前国际汉语教育中的文化传播有些急功近利,过于直白,多少带有为介绍中华文化而讲文化的倾向。我们应该研究如何与学习者的本土文化相结合,如何克服中外不同话语体系和不同文化差异所带来的障碍,用国外学习者容易接受和理解的方式,来介绍中华文化。在世界第二语言教学中,目的语文化的传授已经置于一个更宏大的背景之中,呈现全球化和多元性的趋势。学习者在自身文化和异文化的交流与碰撞中,不断领悟与体验,文化不再作为学习的对象,而是作为学习的背景，即文化的学习应该是润物细无声，是耳濡目染，是潜移默化。这种理念对国际汉语教育的教材内容和教学方法提出了新的要求。我们应该研究汉语与中华文化如何契合，在汉语教学广泛推进的同时，让中华文化大步走向世界。

第三节　高校汉语国际教育的发展趋势

随着中国改革开放地进一步深化，中国的经济持续高速增长，中国的国际影响力不断提高，中国在世界上的朋友不断增多，越来越多的外国人来中国学习，来华留学生的教育事业还将有一个较长的高速发展期。外界教育环境的变化促使我们考虑更多新的问题，这使得我们不得不努力寻求新的解决办法。目前的问题主要是从国际化到国别化、从单一性到多样性、从静态观到动态观的问题。

一、从国际化到国别化

汉语与中国文化走向世界确实涉及很大的范围，但不是一个可以大而化之的问题，愈演愈烈的经济一体化，反而使文化多样化愈加凸显出来，因而汉语国际教育就必须从国际化走向国别化。国际化原本就不是一个简单的概念，而国别化使得问题变得更加复杂，非"多元化"的理念与"多样性"的方法不能应对。

在汉语国际教育从国际化走向国别化的过程中，教材无疑是重中之重。刘珣在《对外汉语教育学引论》一书中指出："教材是教师教学和学生学习所依据的材料，与教学计划和教学大纲构成学校教学内容的有机组成部分。在教学活动的四大环节中，教材占有很重要的地位。它是总体设计的具体体现，反映了培养目标、教学要求、教学内容、教学原则；同时，教材又是课堂教学和测试的依据。"因此，在第二语言教学中，教材起着纽带的重要作用。教材体现了语言教学最根本的两个方面：教什么和怎么教。教材水平的高低不仅能反映出教学理论和教学法研究的深度，还在很大程度上决定着"教"与"学"的效果。更进一步，所谓国别化教材，就是针对教学对象所在国家的母语背景、文化特色、社会状况，以及教学对象的认知方式、表述需求、心理特征而编写的适用性教材。不同国家国情的差异必然会影响到汉语教学项目的选择和编排、课堂教学过程的设计、语言实践活动的组织等重要问题。我们就从教材的编写方面来看汉语国际教育从国际化到国别化的深入发展。

汉语教材本土化主要体现在内容和形式的本土化方面，应注意中外文化的差异和话语体系的不同，其内容应适合学习者的需求，其形式应符合学习者的习惯，这涉及教材的阐释语言、练习方法、编辑手段、媒体形式、装帧特色等诸多方面的本土化问题。说到本土化，其实还涉及更深层次的问题，不同母语的学习者在学习汉语时重点与难点有很大区别，绝不是简单地从一种语言翻译成另一种语言就可以了，应突出两种语言在"形""音""义""用"等诸多方面的相异之处。语言方面尚且如此，有关文化部分的考虑就更应该细致了，我们编的虽然是语言教材，但也应该有助于了解中国文化和用汉语表述自己国家的文化。

二、从单一性到多样性

第一，汉语教学对象呈现出低龄化的趋势。

目前，汉语国际教育在教学对象方面呈现出低龄化的趋势，由大学而中学，由中学而小学，甚至在某些国家还出现了幼儿园层次的。笔者在韩国启明大学孔子学院工作时，为了适应韩国汉语学习者低龄化的趋势，国家汉办/孔子学院总部支持我们孔子学院编制了儿童汉语教材——《跟启启、明明一起学汉语》。该教材由启明大学中国学系主任尹彰浚领衔编写，由笔者做的中文审定。该教材图文并茂，并配有 CD 和可供小朋友拆下来动手拼接的卡片，形式生动活泼，内容丰富多彩。

第二，汉语水平考试的多样化。

关于汉语方面的效果考试，最根本的问题不外乎两点：考什么和怎么考。"考什么"要求目的明确，"怎么考"要求方法得当。

如果我们要考查外国学生对汉语各要素掌握得怎么样，出题时就得在选"点"时多下功夫：考语音，既要注重潜在的系统性，所有的语音都应考到，包括轻声、儿化、变调等，又要突出难点，因学生的母语而异，如卷舌音、送气与否等问题。考词汇，首先要了解学生是否掌握了词语的基本内涵，包括词性与词义等，词性如一词多性，如花（一束花、花钱）；词义如一词多义，如机动车（与人力车相对的车或可灵活使用的车）。其次，对学生习得词语的要求应领会式掌握与复用式掌握相结合，前者即理解了就可以了，后者则指既能理解，也会使用。考语法，应考常用的、已成定论的、影响学生理解的语法点，原则上如同语法教学一样，是宜粗不宜细的。例如"树木"，在"那里有很多树木"和"十年树木，百年树人"这两句话中的语法概念是不同的，前者是词，后者是词组，所以应该考查一下学生是否掌握了这种基本问题。考汉字，至少应包括辨识和书写，如要能辨识形近字、多音字，而正确地书写汉字是能够正确地记忆汉字的外在表现。

除此之外，具体命题时还应注意三点：其一是目的性，要体现出课程特点，如综合课、听说读写译分技能、文化课等；其二是针对性，要考虑到学生的特点，如年龄层次、母语背景、学习目的等；其三是科学性，要符合考试的一般规律，如题型设计、正确答案分布等。对考试结果还应进行总结和分析，如成绩分布状况、偏误分析（包括错误率和错误原因），必要时还要进行试卷讲评，重新审视一下试卷本身有无问题，以对以后的教学与考试提供参考。

三、从静态观到动态观

汉语国际教育永远处在动态之中，从初级汉语到高级汉语，从汉语专业到非汉语专业，从教学工作到管理工作，都是如此。过去我们研究对外汉语教学，静态研究居多，动态研究略显不足，这是我们应该努力改进的方向。

首先，我们应该关注世界各国语言学与语言教学乃至文化与国情的发展变化。古人云："泰山不让土壤，故能成其大；河海不择细流，故能就其深。"汉语国际教育是要在世界各国语言、教育、文化、国情的大背景下进行的教育，相关方面的发展与变化都对汉语国际教育的结果有直接的影响，永远没有绝对的一定之规，这就需要我们不断地去寻求动态中的平衡。

从宏观方面来看，对语言的保护性研究与发展性研究都是很重要的。李宇明先生在《语言也是"硬实力"》一文中指出："语言是文化的资源。语言是文化最为重要的组成部分，同时也是文化最为重要的载体。就汉文化来说，它深深扎根在汉语汉字里。一个字、一个词往往就牵动民族之心。因为汉语汉字绝对不仅仅是符号，中国文化离开了汉语汉字，就无处扎根。那么进一步问，方言和少数民族语言文字，是不是我们的文化资源？肯定是。中国文化有很多是保存在方言和少数民族的语言文字里，特别是口语文化。从文化的载体形式可以把文化分为三类：第一类是实物文化，包括建筑、服饰、雕塑以及地下出土的文物，等等；第二类是文献文化，这是由浩如烟海的文献所保存的文化；第三类是依赖口语所保存的文化。我国历来重视文献文化和实物文化，比较忽视口语文化，而其实口语文化最古老、最丰富，也最不容易保存。随着方言的流逝，随着民族语言的流逝，这些文化就永远消逝了。国家语委正在建设的'中国语言资源有声数据库'，就是要用现代语言技术保存现实的语言面貌及口语文化。"推而广之，我们对中外语言、文化、国情都要尽可能进行全面的、动态的研究。

从微观方面来看，汉语教学的常规也在不断被打破。传统的汉语教学都是从拼音学起，并因此有了"语音阶段"这一概念，而且被公认为是汉语学习的首要阶段。然而在德国黑森州·吉森大学任教的黄鹤飞教师却认为，教德国学生可以从汉字入手，因为德国学生反映，让他们在某一段时间里专门学习拼音是一件枯燥乏味的事情。不仅如此，由于德语是拼音文字，德国学生对汉语拼音十分敏感，对汉字却迟迟没有感觉，他们一开始花的许多时间和精力并未用在他们学习汉语的难点上。

随着中国的和平崛起，全世界学习汉语及了解中国文化与国情的需求还将快速增长，对外汉语教学具有巨大的市场潜力。在全球，"汉语热"不断升温，与中国的强势发展相呼应。我国也成立了汉语教学领导小组，统一协调全国的对外汉语教学工作，在广大教育工作者的共同努力下也逐渐演变成了汉语国际教育事业，拥有无限广阔的未来。

第三章 高校汉语国际教育的师资养成

汉语国际教育师资要成为适应汉语教学事业新要求的人才，就必须培养他们改变传统教学方式的意识和能力，提升他们在教师认知方面适应专业要求的能力，帮助他们形成"以学习者为中心"的教学意识和教学操作能力。汉语国际教育师资的培养涉及许多方面，是一项不容易取得成效的工作，而且存在一些对这项艰辛的工作非客观、公正的评价，因此要努力设法进行改进，不断提升教师的教学能力与综合素养，及时给予学生帮助与指导。

第一节 高校汉语国际教育师资观念与意识的培养

一、汉语国际教育师资教学观念变革和落实"以学习者为中心"理念

（一）实现"以学习者为中心"的关键是汉语师资教育教学观念的变革

合格的汉语国际教师至少要具备扎实的汉语语言能力和语言交际能力，并且掌握系统的中国文化知识，熟悉中国国情和社会文化。为了成为一名合格的汉语国际教师，需要掌握良好的专业知识，多去了解汉语和中国文化相关内容，并从理念上加以强化，树立"以学习者为中心的理念"。"以学习者为中心"虽然是一种来自国外的教育观念，但是对国内教育领域"以教师为中心"的传统教学理念进行纠正很有针对性。有学者就明确提出"以学生为中心"，或者叫"以学习者为中心"，是一种与"以教师为中心"相对的教育理念。这种新型的教育理念在许多方面都可以引发人们对教育教学变革的思考："在教学过程中，它重在给学生自主选择学习内容的机会，注意尊重和了解学生，增大形成性评价的比重。"在教育教学管理中，"以学生为中心"就是为学生创造一切可能的条件，按照学生身心发展的规律办事，以促进学生身心的发展。教师的所有教育教学的努力都要通过学生才能发挥作用，这是很普遍的、显而易见的道理，但是偏偏就在"以教师为中心"的教育观念中被扭曲了。"以学习者为中心"符合学习的规律，体现了教育的本质，应当也必将在我国的汉语国际教育中得到更有效的贯彻落实。

在语言教学领域，还有一种与"以学习者为中心"对立的教学理念——"以课程为中心"的教育教学理念。对于这两种教育教学理念，国外学者纽南进行了对比分析："在语言和语言教学中，以课程为中心的观点和以学习者为中心的观点之间一直都'关系紧张'。以课程为中心的观点认为，学习语言的本质就是要掌握知识主体。而以学习者为中心的观点则认为，语言习得是一种技能习得，而不是知识本身的学习。'课程中心论'强调语言内容本身的内化，'学习者中心论'将语言视为交际过程的发展。""以课程为中心"与"以学习者为中心"的对立，虽然表面上是在语言教学内容方面的对立，实际上涉及语言观和语言学习观等一些根本观念的对立，而这些根本性的对立也会最终影响对学习者地位的看法。在汉语国际教育师资培养中，应当着力使受训师资有能力分清这些教育观念的差异，要有跟上时代教育变革发展的意识，自觉地在教学中贯彻"以学习者为中心"的理念。

（二）汉语师资在汉语国际教育中具体落实"以学习者为中心"的教育理念

汉语国际教育师资在具体的教学操作中落实"以学习者为中心"的教育理念，首先从课堂教学之前的备课阶段就要奉行这一理念，在教学设计过程中也要加以落实。这样一来，汉语师资就需要了解学习者的学习需求，并对他们的需求进行细致的分析。有学者就指出："'以学生为中心'的课程设计的第一个任务就是了解需求以及需求分析。需求分析是课程学习的一个参数。这些参数包括学习者团体的标准和基本原理，课程内容的选择和顺序，课程的长度、密集度和持续时间。在'以学生为中心'的体系中，课程设计者会通过跟学习者的密切交流和咨询来确定这些参数。"在汉语国际教育师资培养的过程中，要设计专门的教学环节，培养他们了解和分析学生需求的技能，如掌握通过问卷调查和访谈等了解学生学习需求的具体方法。

在课堂教学阶段开展"以学习者为中心"的教学，汉语国际教育师资就要具有设计体现"以学习者为中心"理念的教学活动的能力。有海外学者提出了开展这样的活动的诸多优点："①创造一个具有鼓励性和积极性的语言学习环境；②增加学生使用语言练习沟通的机会；③增加流利度和学习内容内化的机会；④学生之间有互相学习和交换经验的机会；⑤学生彼此通过语义协商的沟通过程进行交流，近似于真实语境；⑥学生能练习沟通策略的技巧并培养认知能力和解决问题的能力。"可以看出，这些活动都是以学生为主来进行的，是由他们自己独立来完成的，教师要退后而非居于课堂教学的中心地位，课堂上的时间大部分要留给学生们去完成这些活动。在师资培养的过程中，一定要使受训师资具备设计这种活动的意识和能力。

（三）开展个性化教学是汉语师资落实"以学习者为中心"理念的有效途径

汉语国际教育师资在教学中贯彻落实"以学习者为中心"的教育观念，并不是要求他们在教学实践中"一刀切"，在任何教学情境和任何教学条件下都不加区别地强行推进。有学者对此提出："其实，我们并不强求对所有的学生不加区别地统一采用同等程度的'以学生为中心'的教学模式和教学方法。因为'以学生为中心'的教学理念的精髓在于尊重学生的差异性,而强求一律的做法恰恰与这一思想背道而驰。"尊重学生之间的差异性,有针对性地开展个性化教学,是汉语国际教育师资应当真正掌握和有效落实"以学习者为中心"教育理念的正确途径。

汉语国际教育师资要想开展个性化教学,首先就要尊重和了解作为教学对象的学生的个性特点。有学者提出了学习者的个性在第二语言习得中的重要性:学生们独特的个性会影响他们在课堂上的表现,进而对他们的学习效果也会产生一定的影响。Cook 就曾提出:"学习者的个性差异可能会促进或抑制其第二语言习得,学习者的个性是第二语言教师无法改变却对语言学习存在极大影响的非智力因素。"汉语国际教育师资在开展教学活动的过程中,应当重视学习者个体差异对汉语学习的影响,在教学设计和课堂教学中都要采取有针对性的措施。"对不同语言水平的学生应有不同的要求,对不同性格特点的学生宜采取不同的纠错方式,充分尊重学生的学习心理,保护他们的学习积极性和创造性。"在培养汉语国际教育师资时,应当使之具备准确把握学生的个性特点并分级分层开展教学的能力,这样,他们才能在教学过程中真正有能力开展针对学习者具体学习需求的个性化教学。

二、汉语国际教育师资专业发展中教学变革意识和能力的培养

(一)对汉语国际教育师资改变传统教学方式的意识和能力的培养

可以说,汉语国际教育是从我国传统的对外汉语教学发展而来的,但是,它又与对外汉语教学有很大的不同,是在对外汉语教学的基础上的重大变革和提升。这种变革更替的发生,主要是由于教学对象及其学习需求发生了很大的变化,若从事这种工作的汉语教学师资不能适应这种变化并及时进行调整,那么汉语教学事业将面临很大的危机。有学者总结和揭示了传统的对外汉语教学模式的特点和问题:传统的对外汉语教学模式的特点是以"教师为中心",教师利用讲解、板书和各种媒体作为教学的手段和方法向学生传授知识;学生则被动地接受教师传授的知识。在这种模式下,教师是主动的施教者(知识的灌输者),学生是外界刺激的被动接受者、知识灌输的对象,教材是教师向学生灌输的内容,教学媒体则是教师向学生灌输的方法、手段。可以明显地看出,传统的对外汉语教学模式注重语言知识的教学,但在汉语国际教育的新时代,这种传统的教学方式必须变革,在培养汉语国际教育师资的过程中不能再以传统教学理念和方式误导他们。

进行教学变革当然不是一件容易的事情,哪怕是要求汉语师资改变自己已经习以为常的对教学的认识,也并不是一件容易的事。对此有学者提出:"和其他研究者的发现相同,我们的结果表明,对于改革来说,接纳创新和创造一个合作的环境是互补的条件。对学校改革有兴趣的个人如果只注重一个条件,他们就会犯错。在创新和合作同时进行、互利互助的环境下,改革能取得最大的进展。"可见,要想实现通过汉语国际教育变革传统的汉

语教学方式的理想，就必须使受训的师资（包括汉语国际教育专业硕士）具备整合学校内外各方面的力量、通力合作完成教学变革的能力。

（二）汉语国际教育师资在教师认知方面适应专业发展能力的培养

汉语国际教育师资要想获得较好的专业发展，其中重要的任务之一是在教师认知方面有所发展。对教师认知进行研究，有学者提出："教师认知研究基于这样一种认识，即教师是课堂教学活动中的最终决策者或者主导者，教什么、怎样教全看教师。而教师的决策有意无意地受到多方面的影响，这包括他们当学生的经历、教师职业培训或教育、当前流行的教学思潮、对教与学的看法、他们所处的教学环境，等等。因此，教师的认知及其教学活动是一个极其复杂、多样的过程。"教师认知对教学决策、教学运作和最终的教学成果有很大的影响。例如，如果教师认同传统的语言交际教学法，那么他们在课堂教学中就会提出实际上并没有包含学习者的交际意愿的交际问题，课堂里所发生的交际实际上只是一种非真实性的交际，因为学习者在进行"交际"时是被动的，也很容易被他们认为在这种"交际"中他们是受摆布的，因而不愿意参与，这就会使教师的课堂教学陷入被动局面。可见，教师认知是非常重要的，应当引起重视。

我们所培养的汉语国际教育师资如果在教师认知方面受到传统教学方式的影响，那么他们的教学行为就会步入"以教师为中心"的旧有轨道。有学者就提出："在传统的课堂教学中，谁跟谁在什么时候、在怎样的情况下、讨论什么，都是由教师来决定的。教师可以插入或是打断学生的话，课堂话题总是落于或回归于教师。新的教学理念要求教师的任务是营造一个语言活动互动，学生可以作真实交际的情景和环境。"显然，传统课堂教学的方式已经难以适应当今学习者以交际能力习得为主的语言学习需求，培养汉语国际教育师资具备改变传统教学方式的能力和意识，首先就要使他们有能力、有意识地改变传统的"以教师为中心"的教学方式，要变革为"以学习者为中心"，这样才能实现帮助学习者获得目的语交际能力的教学目标。

（三）汉语国际教育师资"以学习者为中心"的教学意识和教学能力的建立

汉语国际教育师资在教学中所应贯彻的是"以学习者为中心"的适应外国学习者学习需求的新型教学理念，但是如果师资培训者自身不能摆脱传统教育思想的影响，不能与汉语国际教育的教学理念保持一致，这种不一致就会给所培养的汉语师资带来思想上的混乱。我国的传统教育思想基本上是"以教师为中心"的，所以，汉语国际教育师资的培训者应当深刻认识到改变传统的教育教学思想，并且贯彻落实适应汉语国际教育新形势的"以学习者为中心"的教学理念的重要性。

要想使汉语国际教育师资具备"以学习者为中心"的教学能力，首先就要使他们具备全面了解学习者特点的能力，因为学习者的特点涉及许多方面。"以学习者为中心"的课程设计的起点，通常是采集各种类型的个人资料。这些资料包括当前的水平等级、年龄、学历、学过的语言课程、民族、婚姻状况、在目的语文化环境中度过的时间长短,以及过去的、当前的和打算将来从事的职业,它也可以包括语言目标、教育目标及生活目标。信息的采集也可以根据学习者的主观因素来进行,如偏好的课程长度和强度、偏好的学习安排(学习者想要得到以课堂学习为主还是以非课堂学习为主的指导)、偏好的教学法(包括学习者所希望的教材和教学的类型)、学习风格及来上课的一般目的。可以看出,既然需要了解的学习者的特点是非常丰富的,汉语国际教育师资就要有目的、有意识地全面了解学习者的主观和客观方面的个人情况,这样才能有针对性地设计面向学习者的教学。

要培养汉语国际教育师资具备"以学习者为中心"的能力,在备课阶段所设计的教案中,除对各个教学步骤的具体操作情况要落实"以学习者为中心"外,在教学课件的制作等方面也要贯彻"以学习者为中心"的原则。要展示出考虑到学习者特点和教学针对性,引导学习者在课堂上和课堂外要展开的语言学习活动等内容,还要包括对学习者出现偏误情况的预想和纠正偏误等方面的方案。要想使汉语国际教育师资能够贯彻"以学习者为中心"的教学观念,就要在许多方面培养他们相关的意识和能力,而这个培养任务既重要又艰巨,也是一项需要长期坚持才能见效的工作。

三、建构主义理论的新认识对汉语国际教育师资培养的启示

建构主义理论对学习知识的认识发生了与以往任何教学理论都不同的革命性变化,由于对知识的理解与以往不同,相应地对知识的学习方式也发生了变化。对此,有学者认为,建构主义的理论将知识定义为暂时的、可开发的、受社会和文化影响并且是非主观性的。从这点上去理解,学习就是一个解决内在认知冲突的自我调节过程,这些冲突经常通过具体的练习、讨论和思考变得明显。建构主义理论所形成的对知识的学习不同于以往的新认识,给汉语国际教育师资培养工作带来了新的启示,由此也可以促成这项工作得到更好的发展。

(一)建构主义理论对学生所学知识的新认识对汉语国际教育师资培养的启示

建构主义理论并非全然否定知识的重要性,仍然认为知识的建构在学生的学习过程中是非常重要的,但同时又认为学生对所学知识通过建构的方式来学习可以获得更好的效果。"当学习的深度和充分理解内容成为教学目标时,知识建构是帮助学习者理解并且深化内在想法、帮助他们开发使用技能和概念去解决问题的环境、帮助他们探索或者产生想法、归纳和系统化知识的更有效的方法。"显然,学生的知识建构不同于以往建构主义理论中的知识是由学生探索而得来的,知识的性质已经变为不是事先准备好然后传授给学生,对所要学习的知识要由学生来确定和完成对其掌握。

在建构主义理论之下,学生们掌握的知识不是私密的,他们掌握知识的途径变得公开,

掌握的知识成果通过公开而得到共享。"学生知识累积的活动应该是开放性的建构。学生的知识、新的想法、模型、绘画、写作都应该公开，大家共享。这些成果需要来自同学的评价，需要给父母看，需要呈现给专家组进行严格的检查和评估。这个过程还可以发现和改正一些错误的概念，为学习任务明确目标。"在这种情况下，学生所要做的已经不是像以往那样被动地接受知识，而是主动去探索。"学生需要意识到他们的工作是重要的，他们所做的一切都是很有意义的，其他人会对他们的发现感兴趣。个人知识的分享会使得课堂更成功，它引入了探险的精神，促使学生更加仔细和深入地询问。"可以看出，建构主义基于对知识的新认识所提倡的新型学习方式可以达到多方面的学习效果，给学生带来多方面的益处。因此，要培养汉语国际教育师资在汉语教学中运用建构主义理论，对学生同样也不能再采取"灌输"的方式，要使他们有能力设法创造机会并且引导学生自主建构自己的汉语知识系统。

（二）建构主义理论下学生学习的新认识对汉语国际教育师资培养的启示

建构主义理论对学生所学知识形成了新的认识，也由此带来了对于学习这些知识的方式的新认识。有学者提出："建构主义认为，学习是建构内在的心理表征的过程，学习者并不是把知识从外界搬到记忆中，而是以自己已有的经验为基础，通过与外界的相互作用来建构理解的。"建构主义理论认为，学习要依靠学习者已有的知识来进行，已有的知识对新的认知发展有帮助的作用。

建构主义理论认为，学习活动是需要依靠学习者的主动行为来完成的，实际上没有学习者的主动行为，学习根本无从谈起，因为在建构主义理论看来，学习并不是依靠死记硬背来获取事实性的知识。建构主义强调的是解决问题、发展概念和有判断力的思考方式，而不是简单地获知事实知识。在这个框架中，学习被看作学习者主动进行的活动，而不是别人强加给学习者的。可见，建构主义理论之下的学习更能发挥学生的主动性、积极性和创造性，达到更好的学习效果。汉语国际教育师资要有意识地创造条件发挥而不是抑制学生学习的主动性和积极性，并寻求机会，利用学生已有的知识和经验使其达到更好的学习效果。

建构主义理论非常重视学习过程中的意义，倡导在教学中引导学生开展有意义的建构性学习活动。"建构主义学习理论认为，学习的过程就是学习者在一定的情境中，借助于其他人（包括教师和学习伙伴）来协作与会话，利用必要的学习资料，通过意义建构的方式而获得知识的过程。学生的知识是通过学生的自主学习获得的，而不是教师传授的。在这个学习环境中，情境的创设必须尽量真实，必须有利于学生对所学内容的意义建构。与他人的协作必须贯穿于学习过程的始终。"可以发现，建构主义理论更加提倡通过学生之间的交流互动来完成意义建构的任务，这种交流互动活动是教学过程中的主体性活动。这也对汉语国际教育师资培养有多方面的启示。汉语师资要注意避免对汉语结构形式的枯燥操练，要给学生们创造有意义学习的机会，提供真实的学习情境，以便学生能够自主地开展学习活动。

（三）在汉语教学中贯彻建构主义新认识可以带来教学的变化和发展

在建构主义理论新认识的基础上，教师开展汉语教学与以往有什么不同？国外学者提出的一些教学原则会对我们有所启发："教育者要遵循建构主义学习观为学生设计学习过程，布鲁克斯等提出了以下五条教学原则：提与学生相关联的问题；学习围绕核心概念而进行；了解并尊重学生的观点；课程要符合学生的见解；在教学情境中评价学生的学习。我们添加了第六条：把学习看作建构的过程，就要求教育者选择能够支持知识建构的工具和活动。"可以看出，要贯彻建构主义理论，就要在教学中体现"以学生为中心"的理念，并且在教学的各个环节和诸多方面有效落实。

教师在进行课堂教学的设计和具体实施时，要以平等的观念和意识来对待学生，这是学生的知识建构和新型学习方式的必然要求。"在建构性的课堂中，学生们的工作主要是问题学习和项目学习，有时候会涉及超出他们能力范围的问题。这时，教师和学生都成了学习者。教师必须把工作重点放到如何帮助学生学习上，而不是像以往那样把知识直接传递给学生。同时，还要有一些各领域的真正专家帮助教师和学生达到他们的目标。"在贯彻建构主义理论的课堂上，教师的帮助作用仍然是重要的，因为学生还不能在任何时候都可以独立完成所有的学习任务，还需要教师起到辅助的引导作用。

建构主义理论所倡导的这些教学原则和理念对汉语教学极具启发性，因为汉语教学是以培养学习者的汉语交际能力为主要目标的，而交际能力的获得虽然需要学习者的主动建构，但是又离不开教师随时的帮助和指导，因此，提倡学生的主动建构并不意味着教师就放手不管，教师还要起到多方面的作用，并且在学生学习的过程中扮演多重角色。

在建构主义的启发下，汉语教学的研究者也积极探索教学的变革和发展。有学者甚至提出了"建构主义的对外汉语教学模式"："在这种模式下，学生是知识意义的主动建构者；教师是教学过程的组织者、指导者，意义建构的帮助者、促进者；教材所提供的知识不再是教师传授的内容，而是学生主动建构意义的对象；媒体也不再是帮助教师传授知识的手段、方法，而是用来创设情境、进行协作学习和会话交流的，即作为学生主动学习、协作式探索的认知工具。显然，在这种场合，教师、学生、教材和媒体四要素与传统教学模式相比，各自有完全不同的作用，彼此之间有完全不同的关系。"在建构主义理论启发下形成的新型教学模式，还需要在教学实践中进一步完善和细化。建构主义理论带来的对知识和学习的新认识必然带动我们的教育教学发生变革，以适应知识掌握和学生学习的新变化，这也是汉语教学顺应世界教育教学发展潮流的必然途径。

第二节　高校汉语国际教育师资培养中的教师培养

一、汉语国际教育师资专业发展中教师自我提高能力的培养

（一）汉语国际教育师资获得自我提高能力首先需要破除的几个障碍

培养汉语国际教育师资自我提高的能力，首先需要他们能够破除内部心理和外部条件方面的几个障碍。人们提倡教师在自身发展中的反思，重视反思对教学水平提高的重要性，但是，教学反思中最为关键的自我批评却仍然比较缺乏。如果汉语国际教育师资自我批评的意识和能力不足，实际上反映的是师资培养中对此在认识上的不足。通常我们对正面引导汉语国际教育师资的专业发展强调得比较多，却容易忽视对他们进行负面因素反思的能力的培养。

有国外学者提出了师资自我提高的第二方面的障碍："自我提高的第二个障碍是，我们的学校经验常常强调分析思考而不是综合思考。"综合思考能力的不足，也会影响汉语国际教育师资对自己的认识和反思的深度，从而影响自我提高的最终结果。进行综合性的全面思考，有助于汉语国际教育师资发展和分析自身教学和专业发展中存在的问题，以便找到解决这些问题的具体对策。汉语国际教育师资通过解决自身的问题，在自我提高的同时，也获得了提升自己的能力，而这种能力的获得则更为重要。

强调综合性思考还有一个原因，就是综合性思考富有建设性。在对具体教学问题进行分析的基础上，对教学活动所涉及的各方面因素进行综合性的考量，有助于汉语国际教育师资更有效地解决教学中的问题，提出并得出富于建设性的解决措施。"教师很少要求学生提出开创性的、实践性的建议，因为绝大多数教师在学习社会化的过程中就是被要求进行分析思考的，而且这样做还会得到奖赏。强调分析思考给了我们大多数人在尖锐地指出弱点方面大量的锻炼，但比较而言，在通过提出建设性的意见解决问题的综合思考方面，就没有什么经验了。"教师不仅要具有分析性、批评性的思考能力，而且其自身具有能力进行建设性的综合思考更为重要，只有具备了这样的能力，才能引导和鼓励他们的学生同样进行建设性的综合思考，从而促进学生这方面相关能力的提升，而综合性思考对学生们汉语学习的益处是显而易见的。师生之间利用综合性思考的成果开展良性互动，还可以使双方通过互相促进都获得自我提升。

（二）汉语国际教育师资通过自主学习进行自我提高能力的培养

汉语国际教育要面对千差万别的教学情况，作为从事这项工作的师资，要胜任所面临的各种教学情境就必须具备学习能力，以便找到适合各种不断变化的教学情境的教学对策。

如果仅仅依靠师资培训时所获得的有关知识和技能开展教学，对于汉语国际教育师资而言是远远不够的，不足以应对他们所面临的具体教学情况，而且教学的具体情况还会随时不断地发生变化，没有自主学习的能力就不能适应教学中的变化。

教师最终必然要独自面对教学中出现的各种情况和问题，只有通过不断的学习才能自主地开展教学，所以教师具备开展自主学习的能力至关重要。在《欧洲语言共同参考框架：学习、教学、评估》中对"学习能力"这样进行了定义："学习能力指对学习新知识体验的观察力、参与力和将新老知识融会贯通的能力，学习能力甚至就在学习的过程中得以发展。"汉语国际教育师资如果不进行针对教学的具体操作实践，就难以获得自主学习能力。实践操作在学习能力的发展中是第一位。能力要靠具体的教学操作来培养，因为能力不是天赋，因而不能自然生成，而要靠可操作性的实践开发出来。在汉语国际教育师资培养的过程中，要强化对自主学习能力的培养，而要有意识地发展他们的自主学习能力，最为关键的是为他们创造和提供教学实践的机会。

要想使汉语国际教育师资获得自我提高的能力，必须注重对他们的自主学习能力的培养，而他们获得了这种能力，也会在他们的教学中重视自主学习的重要性，并贯彻到他们的教学设计和教学操作中。"一旦'学会学习'被视为语言学习不可或缺的组成部分，学生的自主学习积极性将有可能得到激发。只有这样，学习者才会逐渐认识到个人学习方法的重要性，才会重视教师向他们提供的学习内容，才会注意发现最适合自己的东西。"可以看出，自主学习能力在语言学习过程中具有重要作用。在汉语国际教育师资培养过程中，如果重视了自主学习能力的培养，就会使师资也形成对这种能力的重视，并且在他们的教学中面对教学对象时也会突出自主学习能力的重要性，从而创造机会发展学生的自主学习能力。

（三）汉语国际教育师资专业发展中提升自我效能感能力的培养

教学评估固然有助于教师对自己的教学情况形成一些客观的认识，但是这种来自外部的评估有其局限性，而且也并不能随时随地进行。教师对自身教学的评价和把握，更多地还是要靠自身。汉语教学师资具备对自身教学效能的评估能力有助于他们对自己的教学有清醒的认知，因此，培养汉语国际教育师资获得对自我效能正确认识的能力，并培养他们有能力提升自我效能感就显得尤为重要。

在教育教学领域中，教师自我效能感的主要研究者班杜拉提出了对该概念的定义："自我效能是一个与行为和结果有因果联系的信念体系。也就是说，人们会对自己执行某些行动以达成预期结果的能力做出判断。然后根据他们的判断继续参与或不参与这些活动。"可见，自我效能感是一种复杂的、体系性的教师信念，它联系甚至支撑着教师的教学行为和结果。有学者还进一步指出了此概念具有广泛性的特点："班杜拉的自我效能概念是非常广泛的，指个体对于自身能够成功实施一系列事情的信念。Gibson & Dembo 将之应用于教师职业心理研究，把教师效能感分为个人教育效能感和一般教育效能感两个层面，使教师效能感的概念更具可操作性，教师效能感的研究逐渐走向深入。"随着研究的深入，对教师自我效能感的认识也在不断深入。自我效能感的提升，会提高人们发挥努力获得成就的积极性。教师在教学的过程中，同样也需要有对自身教学的效能感。教师自我提高的能力中，提升教学自我效能感的能力也是其重要的组成部分。

教学效能感所能起到的关键作用在于，它不仅可以使教师获得成就感和自信心，还会使他们进一步对学生的学习表现出更高的期望，而期望对人的激励作用巨大。"效能感高的教师相信自己的教学能使学生成才，同时也就对学生的成就寄予较高的期望；对教学活动投入更大的热情，也更容易采取民主的方式；在遇到教学中的困难时，会想方设法积极寻找新的教育方法，探索更为行之有效的教育途径来克服困难；并且不会因为周围环境的影响而将学生看作不可教育或无教育成效。"教学效能感不仅可以激励教师向正确的方向努力，还可以使教师在获得充分自信的同时，继续充满热情地不断进行自我提高。

汉语国际教育师资获得自我效能感时所树立的自信心，对他们顺利地开展教学是非常重要的，这种对自身教学的自信心涉及许多方面。有学者提出："汉语教师自信心的核心成分是对自己语言教学的评价及积极的情绪体验。在语言教学评价中居首位的是对语言点讲解的自信，此外，对教学的控制感以及课后反省习惯、良好的口语表达能力也非常重要。因此，教师培养时要注意教学基本功的培养。"在汉语国际教育师资培养的过程中，要结合具体的教学能力的培养，树立受训者形成教学自信心的意识和提升自我效能感的能力。

二、汉语国际教育师资提升自我效能感对其专业发展的有益作用

如果在汉语教学中汉语国际教育师资获得的自我效能感较高，就可以给他们的教学带来积极的影响。汉语教师的自我效能感因他们所开展的语言教学和文化教学的双重作用而具有自身的特点，与他们的教学经验也有着密切的联系。如果汉语教学中教师的自我效能感较高，就会对他们的教学起到促进和激励的作用，会促使他们做出更为有效的教学决策，从而对学生起到积极的影响，形成对学生的激励作用。自我效能感高还具有树立汉语教师教学自信心的积极作用，教师提高自我效能感的途径在于全方位的自我提升。

（一）汉语国际教育师资所应具有的自我效能感的特点

教师在教学过程中面临着很大的心理压力，而他们的自我效能感对他们纾解心理压力有着重要的积极作用，因此教师的自我效能感也可以带来教学上的积极成效。教师的自我效能感还对他们的教学行为有多方面的影响。班杜拉对此进行了比较全面的总结："自我效能信念：影响人们现在执行的行动进程；影响在指定的活动中投入多大的努力；影响在

面对阻碍和失败时能坚持多久;影响他们从逆境中恢复的能力;影响他们的思维方式是自我阻力的还是自我帮助的;影响他们在应对高负荷的环境要求时体验到多大的压力和抑郁;以及影响他们所能实现的成就水平。"教师的自我效能感是支撑他们顺利开展教学的重要心理因素,汉语国际教育师资在汉语教学中自我效能感的特点,也值得关注和研究。

自我效能感虽然是心理方面的因素,但对人们的行为有着重要的影响,甚至会进一步决定人们做事的成败。自我效能感之所以重要,"因为它是集情绪情感、认知观念和信念于一体的复合心理现象。虽然它的外在表现很'简单',就是个体对自己某些方面的信念和自信心,实际上却是个体长期社会实践活动结果的心理反应,是环境、行为、认知三要素长期相互作用的结果,是相对稳定的,对个体行为有比较强的预测力"。可以说,自我效能感所涉及的方面是非常广泛的,同时也是行为个体心理特点的集中体现之一,对个体行动的结果有决定性影响。教师的教学活动(尤其是课堂教学活动)要面临瞬息万变的情况,他们的教学行为要随时能够应对各种挑战,在教学过程中不断出现的困难局面要求他们具备强大的心理支撑力,若没有较强的自我效能感就难以应付。

处于教师队伍行列中的汉语国际教育师资同样需要自我效能感帮助其顺利完成教学任务,但他们的自我效能感又有自己的特点。有学者认为,"汉语教师教学效能感的特点是:以汉语教学的自我评价和积极感受为核心,同时兼有文化交流工作的特点"。可见,汉语国际教育师资的自我效能感具有语言教学和文化教学双重性的特点,此外,他们的自我效能感还有一个重要特点,就是与其教学经验有直接的紧密联系。这一特点从有经验的教师与新手教师的差别之处可以看出:"汉语教师的教学效能感直接指向教学经验,教学经验是较高教学效能感的来源。专家型教师感觉自己能有效地控制课堂。他们对教学效果、语言点讲解比较满意,觉得自己初步形成了教学风格,对教学有更多的积极的情感体验,有胜任感、成就感,并且对事业有忠诚度。新手教师虽然对自己的外语能力比较肯定,但总的教学效能感不高,他们对教学还有一定的负担感。"教师的自我效能感的获得,实际上是一个逐步积累、不断增长的过程,是教师不断对自己的教学效果有正面的确信之后才能逐渐形成起来的,是经过成功的教学实践不断验证的结果。汉语国际教育师资如果能够有效发挥自我效能感的作用,就可以使自身胜任汉语教学工作的能力不断提高。

(二)汉语国际教育师资自我效能感对教学的促进和激励作用

汉语国际教育师资自我效能感的高低不同,对他们如何看待和对待汉语教学过程中的困难和挫折有不同的影响作用。对于这一方面的作用,有学者就指出:"班杜拉指出,自我效能高的人将挑战与问题视为要去征服的任务。对于有兴趣的活动,他们有强固的承诺去完成。他们不轻易被挫折或失意打倒,总能很快地恢复精神,整装再战。自我效能低落的人回避挑战,并认为困难的任务是他们能力之外的挑战。他们很容易感到挫败,因为他们太过看重负面的结果,所以需要很长的时间才能从失败中恢复。"显然,经过对比可以发现，自我效能感高的教师具有坚强的心理素质和乐观看待挫折的心态，他们能够积极主动地去克服困难，他们的教学活动较易形成良性循环，这是自我效能感对他们的教学行为形成促进作用的结果。

汉语国际教育师资具有较高的自我效能感，还会促使他们做出更为有效的教学决策，这是因为教师能够对自身的教学效能有正确的认知。教师这种对教学效能的正确认知，会使他们形成对教学结果有较高掌控能力的信念。"在某种程度上教师的效能观对教师的教学决定、课程决策会产生重大影响，随后对学生的成绩会有影响，教师的效能观包括教师影响学生表现潜力的一般观念，也包括教师对提高自己班上学生成绩的能力的个人看法。教师的效能观会影响他们怎样与千差万别的学生相处，即在一个班集体内学生的方式、态度和行为都完全不一样。"教师对自己教学决策的效能有较高的把握，就能促使他们做出有针对性的教学决策，也使他们对自己的教学决策有信心，而他们的具体教学行为也就能够进一步贯彻落实其教学决策，从而取得良好的教学效果。

汉语国际教育师资的自我效能感较高，不仅对他们自身的教学活动会起到激励作用，还会通过他们积极的教学态度和成功的行为给他们的学生带来积极的影响。自我效能感高低不同的教师对学生的影响作用是不同的，"效能感高的教师相信他们有能力成功地激发学生和教育学生。效能感低的教师认为没有哪个教师会对学生产生重要影响（因为学生的动力和表现主要依赖于家庭环境），也许有的教师有这种本事，但他们自己则没有（假定原因在于他们缺乏必需的知识或技能）"。如果教师能够认识到自我效能感的积极作用，那么这种认识也可以称为是对自我效能感的一种积极性的元认知。教师自信有能力通过自己的努力对学生产生有成效的积极影响并会取得一定的成果，他们就会主动地与学生接触和互动，从而对学生施加这种积极的影响。教师促进和激励学生学习所取得的良好效果，也会回馈教师获得更高的自我效能感。

（三）汉语教学中教师的自我效能感对树立教学自信心的作用

汉语国际教育师资要面对的教学情况和教学对象经常变动，这也使他们经常处于面临新挑战的境地，特别是在海外开展汉语国际教育时，要进行的是汉语作为外语的教学活动，所面临的困难和挑战非常大。除了教学内容和课堂管理等方面所要面临的工作压力外，还要面对跨文化交际中的互相理解和互相沟通上的困难等种种问题。在面临众多困难和巨大挑战的情况下，汉语国际教育师资自身对教学和课堂管理工作的自信心尤为重要，而这种自信心的树立也需要依靠汉语教师对自身效能感的确认。

自我效能感与教师的自信心有直接的关系。如果教师的自我效能感高，就可以促进其课堂教学和课堂管理的良好表现。对此有国外学者进行了分析："效能感高的教师比较自信，在课堂上的表现轻松自如，与学生的互动比较积极（表扬、微笑），很少消极（批评、惩罚）。在营造课堂的有效学习气氛方面比较成功，很少被动防范，比较能接受学生的不同意见和挑战，在激励学生争取成就方面十分有成效。"自我效能感高使教师充满自信，就可以产生积极、良好的教学表现，对学生的学习也可以形成良好的影响，起到鼓励作用。

汉语国际教育师资树立教学的自信心及提高自己的自我效能感的途径，在于要全方位地进行自我提升，这也就对汉语教师提出了较高的要求。有学者认为："深厚宽广的知识面（如对语法、历史、汉字方面的学习）以及对文化比较的关注、对工作意义的认同、良好的工作态度、较高的外语水平和个人才艺等，都有利于教师获得较高的教学效能感。"汉语教师获得较高自我效能感的基础，就在于对自身各方面能力与知识的积累和提高，更为重要、更为核心的则是由对汉语教学的热爱和事业心而形成的坚定、高效完成教学工作的信念。

三、教学反思在汉语国际教育师资自身专业发展中的重要作用

汉语国际教育师资的专业发展，只有通过教师对自身教学的反思途径才能很好地完成。教师的专业发展仅仅依靠教学经验的积累是不够的，还要通过反思进行理论提升。汉语国际教育师资的教学反思要与教学实践联系在一起，形成实践性理论，并通过这种实践性理论指导其教学实践。教学反思在汉语国际教育师资专业发展中有多方面的重要作用：有助于教师打破惯性的教学思想和行为；有助于教师进一步开展专业学习；有助于教师承担起推进教学变革的责任。

（一）提升对自身教学的反思能力是汉语国际教育师资专业发展的重要途径

汉语国际教育师资在教学中要面临千差万别的具体教学情况，且教师自我发展的过程中也要面临许多困难，只有通过不断的反思才能克服这些困难，而在克服了这些困难以后，教师的专业能力就可以得到发展。教学反思能力涉及教师多方面的个人素质，提升教学反思能力与教师的专业发展有直接的关系。有学者就此提出："由于个体的自我意识和教学活动丰富且复杂，教师的反思能力受到知识、观念、动机、情绪、情感等个人因素的影响，同时环境因素也可使教师反思能力具有多方面的内容和多样化的表现。教师只有不断加强自己的反思意识，掌握一定的反思方式，积极地参与反思，才能最终实现自我的发展和提高。"可见，教师对教学的自我反思能力更为重要的作用是使其能够顺利完成教学任务，从根本上保证其在专业发展上的提升。汉语国际教育是汉语教学在新形势下大发展的结果，如果作为教学活动核心的教师根本就没有教学发展变革的意识和愿望，那么他们的教学能适应汉语国际教育新形势的愿望也就会落空。而在教师的专业发展中，教学反思是最为重要的途径，因为教师的发展变化唯有通过教师自身来实现，外部其他的努力都必须通过教师本人意识和行为的变化才能发挥作用。

教师对教学的反思能力，实质上也是其教学适应力和胜任力的重要组成部分。至于教师如何对自身教学的反思进行具体的操作，有学者认为："反思是一种内省的过程。在这

个过程中，教师以一种自我批评的眼光来审视自己的教学行为和教学理念。通过这个过程，教师可能会发现一些问题，或一些值得深究的议题，或希望对某些方面做一些改变，或尝试一些新的方法。从中教师可能确定一个研究题目，开展'行动研究'。反思是教师发展的一个先决条件，而研究是教师发展的一个理想的途径。"看来，教师进行的反思首先是要发现自己教学中存在的问题，然后通过对教学的研究探寻解决问题的途径，并在教学实践中进行多方面的尝试，这样才能使教学反思落到实处并深入、持久地进行下去，从而最终取得理想的成效。

尽管汉语国际教育是一门实践性很强的学科，但是教师的发展仅停留于对教学经验的简单、线性的积累是远远不够的。"美国心理学家波斯纳认为，经验只有经过反思才具有保存的价值。没有经过反思的经验是狭隘的经验，形成的是肤浅的认识。因此，一个教师成长的公式：成长 = 经验 + 反思。教师通过反思意识到自己的教学观念、信念（信以为真的事物），不断检视自己的行动是否反映了这些信念。"显然，汉语国际教育师资教学经验的积累要与对教学的反思结合起来，他们只有通过对教学的反思才能够加深对汉语教学的认识，才能使他们在实际教学中的操作完成得更好，从而真正获得自身的发展。汉语国际教育师资进行教学反思的具体方法有很多，有学者就提出："如果教师仅仅满足于获得经验而不对经验进行深入思考，那么他的发展将大受限制。汉语教师可以通过日记、课程观摩、集体讨论和行动研究等方法，在学校、合作教师和研究者等外部支持下，对自己的教学经验进行反思，形成良好的实践性知识，以改善教学，并最终成长为优秀的汉语教师。"可见，汉语教师对教学的反思可以有多种途径和方法，可以适用于不同的教师个体，这些都可供教师根据自身的特点选择使用。汉语国际教育师资培养的过程中，也应结合受训者的具体情况，有意识地培养他们选用或综合运用各种教学反思方式的能力。

（二）汉语国际教育师资的教学反思要与教学实践紧密联系在一起

汉语国际教育的学科特性和工作性质决定其具有实践性强的特点。无论是实践性学科的发展，还是汉语国际教育师资工作能力的提升，都需要通过反思汉语教学的实际操作的途径来进行。"国际汉语教育作为一门有很强实践性的学科，与反思有着天然的密切关系。国际汉语教师的专业发展应不再局限于'传播知识—接受知识'的框架中，'知识''技能'等各项'素养'不应该仅仅通过传递的方式来获得。"教师的专业发展并不是通过知识的传递和获取就可以完成的。教学是一种实践性的技能，而技能并不能仅仅通过传授而掌握，这是显而易见的。因为对于教学内容、教学对象和教学条件等因素，汉语国际教育对教师教学技能的要求更高，所以教师更要依赖对自身教学的反思来进行专业发展。

目前，有关专家学者对教师教学理论认知形成过程的看法也在发生变化，他们认为教师通过与教学实践相结合而动态建构的自身理论才是真正有意义和价值的，这种理论也被有些学者称为"实践性理论"。在 Alexander 看来，教师的实践性理论应当立足于不同的知识类型：一是思辨性理论（他以此指代那种在教学领域中由思想家所构思而成的理论）；二是经验性研究的发现，以及从事教学实践的教师们的经验性知识。不过没有哪一种知识类型可以被视为知识的唯一来源。实践性理论的概念，突破了历来理论与实践相互对立的认识，凸显了教育教学的特点并切合了教育教学的实际，尤其是切合了培养学习者语言交际技能的汉语国际教育的实际。作为在全世界广大的地域开展的汉语国际教育，实践性理论在这一专业领域中有重要的地位和指导意义。同样，作为在这一广泛而重要的实践性教学活动中的重要参与者，实践性理论在汉语教师自身的发展中，也有重要的地位和作用。

在汉语国际教育的教学实践中，教师要面对复杂多变的教学情境，在采取灵活应对的各种教学策略时，必须以教学实践中形成的相关教学理论为指导。国际汉语教师为了应用既定理论和技能来解决问题，必须具备将理论与技能类别和实践情境特性相连接的能力。问题设定和问题解决是实践者持续地与实践情境进行反思性对话的过程。汉语国际教育师资提升将教学理论与教学实践相结合的能力，要以对教学的反思为主要途径，要以结合实践的教学理论为支撑，要最终发展出自己对教学的独到的深入认识，对教学的反思和理论研究要结合教学实践。对汉语国际教育中教学理论的研究，如果不能最终落实到教学实践中，只是形成了理论研究的自循环或内循环，对教学实践和教师专业发展毫无益处的话，这种理论研究将毫无价值。

（三）教学反思在汉语国际教育师资自身专业发展中的具体作用

对汉语国际教育教学实践进行深入反思，在教师自身的专业发展上有多方面的重要作用。

1. 教学反思有助于汉语国际教育师资打破惯性的教学思想和行为

教师的教学如果只是按照固定的程序进行操作而毫无创造性，其后果将是灾难性的，因为教学所面对的具体情况是千差万别并且不断变化的，而对外汉语教学，尤其是汉语国际教育中的情况尤其如此。教师如果不能灵活应对和及时调整，从而使其教学具有针对性，那么教学工作能否顺利开展将是令人担忧的。教育学家杜威特别强调不要使教学成为一种单调重复的活动，在杜威的眼里，教学不应只被视为一系列预先决定、排序的过程，还应是一种基于学术思想、能针对具体教学环境做出不同反映的活动。对教学的新型认知也引发出对教师地位和作用的新认识："教师不再被视为现成知识的被动型传播者，而应被视为问题的解决者，他们具有'对过去进行批判性想象性思索，展开因果联想，发掘探索性原则，进行任务分析的能力；也应具备展望未来，进行前瞻性规划的能力'。"基于反思的教学活动，实际上是要发挥教师的主动性和创造性，使他们在开展教学工作时积极主动地发挥其能动性，这样才能有效地解决教学中层出不穷的具体问题。反思是整体运作的，"反思型教学是一种强调创造性、艺术性以及对教学环境敏感性的整体式教学途径"。在动态的教学实践过程中，新问题是会随时出现的。那种认为只要按照教学程序进行教学就万无一失、一劳永逸的想法是不对的，对新入职的教师尤其有害。这种不正确的认识在教师培训阶段如果已经形成或固化，将会对教师的终身发展造成极其不利的影响。人们常说"教学是一门艺术"，但是如果不发挥教师教学的创造性，那么教学的艺术性也将无从谈起。汉语国际教育师资创造性的养成和发挥，在其初始培养阶段就应得到重视。

汉语国际教育师资可能会因跟不上时代和教学的发展而形成"积习难改"的惯性，而教学反思可以成为突破这种专业发展"瓶颈"的利器。反思可以使教师打破陈规，更主要的是，这样做有利于他们教学的开展，最终也将有利于学习者的学习。

2. 教学反思有助于汉语国际教育师资进一步开展专业学习

教师开展教学反思，实质上也是一个不断开展专业学习的过程，通过这种结合教学实际的专业学习，可以使他们更好地发展自身。"通过以课堂为导向的教学行为研究，积极参与问题解决型的活动，追求反思型教学理念，教师们将能够不断挖掘他们自身的学习潜力，并进一步调动他们的学生的学习潜力。"如果教师不能不断学习新知，而一味地因循守旧，何以能够带动他们的学生对学习产生浓厚的兴趣并发挥出其学习的潜力？反思型教师的行为接近中国古代哲人所认识到的"学而时习之"的学习本质，而教学又必然要为学习者的学习服务，所以教学反思也必然会接近教学的本质。

对于在教学反思中发现的问题，如果教师以往所具有的专业知识和教学经验不足以支持他们对问题进行解决，就必然迫使他们进一步对教学规律进行探寻，这就可以调动教师进一步开展专业学习的积极性。教学中层出不穷的新问题，就成了促进教师进一步开展专业学习的契机，也为教师的专业发展指明了与教学实践相结合进行反思的方向。

至于教学反思应当在哪个阶段进行，有学者提出教学反思要在教学完成之后来进行的看法："教学后阶段是教师完成教学后进行总结、自我反思、自我评价的阶段。在此阶段，教师总结经验，这一阶段主要是反思能力。"需要补充的一点是，教学反思的目标所指向的是在下一步的教学实践中对教学的改进，朝着这样的目标去做，就可以使教学反思不仅能获得不断推进的动力，还可以形成教师教学和自身专业发展的良性循环。

3. 教学反思有助于汉语国际教育师资承担起推进教学变革的责任

对外汉语教学目前已经转变为汉语国际教育，而身处这一重大变革时代的汉语国际教育师资也要完成自身的转型，向适应汉语国际教育的专业发展方向转变。作为身处教学实践第一线的汉语教师，还肩负着推进汉语教学变革的责任。有国外的学者提出了"转换型知识分子"的概念，实质上也是为了突出强调教师的这一重要责任和使命："将教师视作转换型的知识分子，这不仅要求教师具有社会政治意识，而且要确定他们能够遵循这种社会政治意识，因此，这一角色概念已不再局限于课堂教学的范畴了。作为一名转换型的知识分子，教师承担着双重任务：他们既要努力推进教育发展，同时还需努力实现个人的转型。"汉语国际教育师资不仅有责任完成自身的转型，还要带动和引导更多的同行进行这样的转型，从而促进汉语国际教育事业的发展。

推进教学变革涉及很多方面，但是汉语国际教育作为新兴的事业，在汉语国际教育师资进行事业开拓的过程中，也为教学变革提供了前所未有的机遇。汉语国际教育师资进行教学反思，要注意吸取以往开展教学反思过程中的一些经验教训。对于这方面的经验教训，有学者进行了总结："反思型教师教育运动至少存在着三方面的严重缺憾：首先，反思型教师教育运动主要关注教师角色及其自身发展，将反思当作一个关涉教师以及教师反思能力的内省式过程。这一运动忽视了教师与学习者、教师同事、教学策划者、教学行政管理者之间的互动。其次，反思型教师教育运动关注教师在课堂上的行为，但是对于那些影响或重塑教师反思实践的社会政治因素重视不够。最后，除了对教师过度依赖教学理论权威的做法表达不满之外，反思型教师教育运动并未在多大程度上改变这一现象。"这些经验教训对汉语国际教育师资的启发是，教学反思并不是仅局限于对教师自身行为的反思，还要联系与教学活动相关的各方面的人员，要把反思的视野拓宽到社会生活的方方面面，才能使推进教学变革的使命得以顺利实现。

对教学实践的反思可以促进汉语国际教育师资自身的专业发展，而且教师是能够胜任教学反思的。有学者分析了教师在教学反思上可以有的一些作为："在批判性教育家看来，教师是一些能够并且愿意进行教学反思的专业人士。他们反思那些能够活跃教学实践的思想原则，他们会将教育原理和教学实践与更广泛的社会问题联系起来；他们相互合作，共同分享教学思想；他们依据教学工作的实际情况而行使权力，他们在教学中体现出了一种更美好的、更具人性生活的教学理念。"这里提出的看似只是一些美好的愿景，但实际上通过教师们在教学实践中的不懈努力也是可以实现的。

有学者对反思型教师的定义进行了总结，这对汉语国际教育师资对自身的定位和努力的方向都会有所启发："综合国内外学者的看法，反思型教师就是能够借助先进的教育教学理论及他人的教学经验，积极主动地对自身教育教学观念及其实践活动进行批判性的思考、分析、研究和改进，以不断提高自己的专业水平的教师。"反思的本义就是提倡教师们不依赖教育教学权威和现成的理论，而要通过自身的探索来完善对教学的认识和设计。所以，反思对教师的教学有益，同时也会对教师自身的专业发展带来极大的益处。

四、反思型汉语国际教育师资的特点和培养策略

汉语国际教育师资经过专门培训和自己的努力成为反思型教师，是汉语教师专业发展的一种重要的途径。在汉语教学中，教师的教学反思具有直接结合自己的教学实践，有针对性地总结自己教学中规律的特点。教学反思具有引领汉语教师超越日常教学，促进他们成长的作用，以及具有促使他们主动反思的目的意义和采取措施改进教学的工具意义，还具有形成理论和指导实践的意义。培养反思型教师，有通过打破习惯做法进行反思、建立教师专业共同体互相交流，以及引导教师深入、全面思考等具体策略。

（一）汉语国际教育师资在汉语教学中进行反思的特点和内容

汉语国际教育师资要想成为反思型教师，就必然要在教学过程中持之以恒、持续不断地进行反思，同时要使自己的教学反思获得成效并从中有所收获，这样才能成为一名反思型教师。汉语国际教育师资所进行的教学反思，是要借助先进理论的指导对自己的教学进行批判性的反思，既要总结自己教学的优点，也要查找自己的不足，还要深入分析自己的不足并加以改进。教学反思并不是就事论事地进行教学总结，而是要对自己的教学进行研究，而这种研究是与自己的教学实践相结合的，但反思的主要是教学中带有规律性的问题。"反思性教学"即"教学主体借助行动研究，不断地探究与解决自身和教学目的，以及教学工具等方面的问题，将'学会教学'与'学会学习'结合起来，努力提升教学实践的合理性，使自己成为学者型教师的过程"。教师通过教学反思，可以自我剖析自己教学的指导思想和具体操作，明确理解自己教学行为的深层原因，在此基础上，可以更充分地把握自己教学改进的方向和教学创新的目标及路径。

汉语教学的主要教学目标是培养学生掌握汉语交际技能。教学中语言技能培训与语言教学内容的结合会呈现出复杂的局面，这就要求汉语教师要有多样化的教学方法和手段，并且能够灵活地加以运用。汉语教师通过不断反思才能寻找到合适的策略，并不断灵活调整教学的方法和手段，而他们自身的教育经历和外语学习经历也同样可以给他们的教学反思带来很大的帮助。有学者提出："你必须通过反省自己早期作为学生的经验，对什么样的教学算是恰如其分的教学的信念，自己作为教师的教学经验并学会从其他教师的教学中得到启发，从而超越理论和研究。"汉语教师尽管可以借鉴他人的理论研究成果，但是教学反思最终还是要得出自己的结论，而且这种教学反思的结果更有针对性和指导意义，同时，也因与汉语教师的教学实践紧密结合而更具有强烈的应用性。

（二）教学反思对汉语国际教育师资专业发展的作用和意义

一名教师在其成长的过程中要应对不断出现的挑战、困难和挫折，但也应看到出现这些问题，实际上也是教师改进自己的教学方式从而获得专业发展的良好契机。有学者认为教学反思对教师的专业发展有积极的作用："反思性教学帮助教师从压抑性的、常规性的行为中解放出来，让教师以一种深思熟虑、目的明确的方式去行动，为分析和发展教师的学与教提供了立足点，是加强教师专业发展的一个基本过程。"汉语教师要面临许多日常性的教学操作，极容易陷入这些重复性的日常教学活动中，而难以对自己的教学进行反思。如果我们目标明确地提倡和号召大家成为反思型教师，就可以引导他们主动地超越日常教学活动，从而通过教学反思进行专业发展。

对于汉语国际教育师资专业发展过程中教学反思的意义，有学者进行了总结，认为有目的意义和工具意义两个方面："反思对国际汉语教师的意义体现于两个方面。首先，反思本身就具有'目的意义'。反思是主动性的，正是在反思中，国际汉语教师体认识到自我的价值与地位，从而驱使自我寻找教学环境中出现的各种问题。在此过程中，教师的能动性与主体性得以彰显。其次，反思具有'工具意义'。借助反思，国际汉语教师深入挖掘各种问题形成的原因并采取策略。'反思自己的教学实践'进而发现问题，乃是'改进教学'的前提条件。"我们认为教学反思对汉语国际教育师资专业发展的意义，应当包括理论意义和实践意义。处于教学第一线的汉语教师对自己教学的反思，可以使汉语教学理论研究的发展直接联系到汉语教学的前沿，教学理论与教学实践的紧密结合可以使理论研究更有价值和指导意义。教学反思可以使汉语教师的教学实践以更为明确的目标进行，使他们不但"知其然"，而且"知其所以然"，使他们的教学实践可以在理论的指导下更好地开展。

（三）培养反思型汉语国际教育师资的可选策略

有时很多教师习惯于对习以为常的教学情况和操作不假思索地接受，对其不进行或不再进行进一步的思考。培养反思型教师就要有意识地打破教师已经形成惯性的教学行为习惯，促使他们主动地进行反思性的活动。教育学家杜威认为，教学反思有助于打破教师习以为常的"惯常性活动"。"杜威将惯常性活动与反思型活动做了区别。惯常性活动主要是指那些对传统抱着不加批判的信念，始终不渝地顺从权威的活动。而反思型活动则是在一种有意识的、审慎的思考激发下所形成的活动，'这是一种对任何有基础的理念或实践，及其所引起的后果进行有意识的、审慎的思考'。"不断地进行思考虽然是很辛苦的，但是不进行反思就难以改动或推进教学活动向前发展。教学中不断出现的新问题必然会迫使教师对自身的教学活动进行反思，并由此对教师自身的专业发展产生积极的影响。

在汉语国际教育师资培养，以及将来他们在教学中继续进行专业发展的过程中，建立教师专业共同体也是培养反思型教师的重要途径。有学者认为教师专业共同体能够发挥作用是因为教师之间各有差异："教师每时每刻都要和学生接触，产生各种各样的教学经验，遇到许许多多的教学困境，如何应付不同的教学困境，帮助学生取得进步，不同的教师在教学观、学生观以及处事方式上都会存在差异。"教师之间的差异和教学中的困惑可以促使他们产生迫切地想要与他人交流的愿望和需求，而他们解决教学中问题的目标又是共同的，这使他们可以形成目标一致的共同体。"通过教师学习共同体这座桥梁，使教师内心深处和潜意识中的知识和经验转化为显性知识，得到确认、整理并系统化，与其他教师共同分享和相互促进，进一步提高教师在专业发展过程中的反思和协作能力。"教师共同体的形式可以是多种多样的，主要是能够有效地达到通过教师之间的互相促进、互相激励和互相帮助实现各自更出色的教学反思的最终目标。

对于教学反思的内容，有学者认为并不是泛泛地思考教学，而是要对自身教学的各个方面深入地进行思考："并非所有关于教学的思考都是反思型教学，如果一个教师从不思考那些指导他或她工作的目标和价值，从不审视自己所处的教学环境，从不检验所应遵循的教学设想，那么我们就会认为这样的教师并没有进行反思型教学。"可见，对教学的反思是综合而全面的，并且还是深入的，不能仅仅停留在教学的表面现象上。汉语国际教育师资除对这里已经提及的课堂教学过程中的各种教学问题进行反思以外，对教学目标、教学价值、教学环境、教学设想等一系列的内容也应该进行反思。这对教师们更好地开展教学反思，从而成为反思型教师具有很好的帮助和促进作用。

五、汉语国际教育师资提升通过反思深化教学认识和教学运用能力

汉语国际教育师资要想获得更好的专业发展，就要有意识地提升自己运用教学反思的能力。通过教学反思，教师可以深化对教学的认识，还可以把教学反思的成果运用于教学实践。当教师有能力以教学反思的成果指导教学实践的时候，教师的教学水平会随之得到提升，所以在师资培养的过程中要重视对教师这方面能力的提高。

（一）汉语国际教育师资要有能力通过反思提升对教学的理论化认知

汉语国际教育师资在进行教学反思的操作过程中，要自主和自觉地反思自己的教学情境和教学情况，力求更好地、更明确地建构自己关于教学的认知，而且这种认知最终要形成对教学的理论化认识。有学者对此强调指出："需要谨记的是，如果缺乏持续自我反思和自我修正的能力，那么一名被当作被动型技术工的教师就很难进入转换型知识分子的教师角色。成功实现这一角色转换的重要一点在于，教师要有能力和意愿超越他们在正式的教师教育中所被动接受的专业理论，去努力思考和建构他们自己的教学理论。"这里提出的"转换型知识分子"的概念，实际上就是在提倡教师要成为具有自我反思能力的主体，有能力把自己教学实践中的亲身感受转换为自身的教学理论，而不是像一个技术工人那样，只是按照别人画好的图纸进行加工，也就是只会照搬他人已经创造出来的教学理论。对于"转换型知识分子"，有学者还指出："将教师看作转换型知识分子的想法主要源于一些被称为'批判性教育家'的著作中。这些教育家主要包括诸如 Henry Giroux（1988）、Peter Mclaren（1995）、Roger Simon（1987），以及一些语言教学专家，如 Elsa Auerbash（1995）、Sarah Benesch（2001）和 Alastair Pennycook（1998）等人。他们这些人都深受巴西思想家 Paulo Freire 的教育哲学思想的影响。Freire 不遗余力地支持社会政治的解放事业，主张通过教育的民主化进程来为个人增权赋能。"可以看出，教师成为"转换型知识分子"，有助于他们形成对教学的深入思考，有助于他们以明确的意识和指导思想对教学进行批判性的反思，这样才能形成并非人云亦云的教学反思成果。在汉语国际教育师资培养的过程中，要注意使他们有能力超越一些普遍的教学理论，从而有能力发展出他们自己有关教学的理论认识。

汉语国际教育师资的教学反思，不能只停留在对教学经验的回顾和叙述上，要有能力通过反思，对教学经验进行概括和总结，最后上升到对教学规律的认识和把握，在关注理论学习和以教学理论为指导的基础上，形成自己对教学的系统性的深入认识，最终形成教师对教学的理论性认识。

汉语国际教育师资对教学的反思要注重理论化的思考过程，而不能只关注现成的已经有了成果的理论。有学者对"作为产品的理论"和"作为过程的理论"加以区分："Alexander曾将理论视作静态的成品以及动态的产生过程，并加以区别，这一做法值得借鉴。作为产品的理论指的是一个学科的内容知识；作为过程的理论指的是需要理论化的智力活动（思想过程）。可以这样恰当地说，Alexander使用'理论化'这一术语来指代作为智力活动的理论。而作为智力活动的'理论化'并不是理论家所独享的专利，教师们也应该有能力这样做。"作为"后方法"教学理念的倡导者，库玛一再呼吁教师们打破理论建树只属于教学研究专家的传统观念，倡导教师们形成自身理论建构的自信心，使他们最终发展出个人理论化的思考能力。

要打破理论只能由教学研究专家学者来研究和发现的传统观念，实际上每位教师都有自己对教学的认识，只是他们的认识需要通过对教学实践的反思来帮助他们检验其认识是否正确，从而对正确的认识进行确认和巩固，对不正确的认识进行调整和改进，也需要更进一步系统化、理论化地对他们的认识进行总结，使之明确和深化，以便更有效、全面地指导教师的教学实践。汉语国际教育师资在这个过程中，也可以形成自己钻研教学、探索教学的主动性，从而提升自己的教学水平。教学反思的根本目的，其实还是为汉语国际教育师资的教学实践服务。

（二）汉语国际教育师资在教学反思过程中转变对教学的认识并顺利成长

随着社会经济和现代技术的不断发展，教育教学也在不断发展，作为从事教育教学工作的教师，也要不断适应这样的变化发展，而对教学的反思也是教师适应这种发展变化的重要途径之一。汉语国际教育师资可以在对教学的反思中转变对教学的传统认识，有学者就此指出："培养反思型教师被认为是对传统的技术型教师观及以胜任为本的教师教育的反动。技术理性主义的教育观把教育教学看成一个传授系统，即用别人设计好的课程达到别人设计好的目标的知识传授系统，而教师基本上承担了技术人员的角色，即手段—目的的中介人。这种教育观使得教师们的视野被狭隘地限定于科目内容及传授方式上，教师仅仅是一个操作工人。"以前有观点认为教学就是传授知识的，认为教师的角色就是一个现成知识的传授者，学生也是一个现成知识的被动接受者。在教学的过程中，"教"与"学"双方都毫无自主性和创造性，仅仅是在照搬现成的知识。显然，这种观点对教与学的认识存在很大的偏差，偏离了教育教学培养勇于探索、勇于实践的人才的根本目的，仅仅把教学看作一种传授性活动的传统认识，也使教师的教学活动变得机械和单调。这种教学操作的方式已经不能适应时代发展对教学的需求，所以教师要进行角色转变，而实现角色转变的首要因素就是转变对教学的传统认识。对教学的新认识不再将其仅仅看作一种技术性的操作活动，教师的教学工作也不是一种技术性工种。教师在教学的过程中，可以在进行反思的同时，充分发挥自己的创造性，以此带动所教的学生充分发挥自己的创造性。在汉语国际教育师资角色转变和教学观念转变的过程中，教学反思起着十分重要的促进作用。

汉语国际教育师资的成长过程要借助其以往的学习和教学经历中所获得的经验，因为这是与他们自身情况结合得最为紧密的切身经验。切实可感的经验对教师进行教学反思的帮助最大，也最为直接。"作为一个教师，为了理解你目前的教学信念，对自己的经历（如作为孩子、作为学生、作为师范生的经历）进行反思是有用的。反思经验（对自己的或阅读其他教师的故事）会激发起自我透视和建构新的教学目标或新方法。最后，从多渠道讨论自我评价、自我改进和教职工的发展怎样阻碍或促进教师的个人和专业发展，取决于计划目标和反馈的质量。"汉语国际教育师资的教学信念和教学活动在许多方面都会受到自己以往学习经历的影响，但教学反思也不能仅局限于自己的个体经验，还要学习和借鉴他人的经验。因此，汉语国际教育师资要通过直接或间接经验等多种方式开展交流，补充和完善自己的教学反思。

（三）汉语国际教育师资要重视以教学反思的成果指导教学实践能力的提高

汉语国际教育师资不能为了反思而进行反思，而是要把反思的成果应用到教学实践中，用以指导教学实践，这样就使他们的教学实践成为一种"反思性实践"，这样做也可以更好地提升他们教学实践的水平。"而'反思理性'推行的是'实践—反思—开发—推广'模式，它假设'在实践中遇到的问题非常复杂，需要特定的解决办法'。所以，它认为教师必须通过各种形式的'反思'，以促进自己对于专业活动及相关事物更为深入的'理解'，发现其中的'意义'，促成以'反思性实践'为追求。"在汉语国际教育的教学实践中，汉语师资会遇到多种多样的具体教学问题，但这些问题并没有现成的答案，甚至没有现成的教育教学理论可以用来指导他们解决问题。这就需要汉语师资根据具体的教学情境，对自己的教学实践，摸索出解决问题的具体办法，他们只有充分发挥自己的创造性并依靠自己的努力，才能寻找到问题的解决途径，才能应对教学过程中层出不穷的新问题。汉语国际教育师资在教学实践中遇到的问题要找到专门的具体解决方法，而对教学的反思是重要的途径之一。这样一来，汉语国际教育师资就不仅仅是在完成教学任务，而且是要以解决问题为目标导向，把多样化的反思融入教学实践中，使得汉语教学成为反思性的教学。

汉语国际教育师资以教学反思的成果指导教学实践，可以提高教学实践的效果，而形成的"反思性教学实践"也成为一种优质的教学实践。将教学反思的成果运用于教学实践，教学实践就不再是盲目的；而且在教学反思的过程中，汉语国际教育师资也提升了教学实践的能力和水平。教师如果真正实行了有效的教学反思，就可以成为"反思性实践者"，这就使他们不同于一般的教学实践者,具有了很强的能动性和主动性去思考教学实践中的不足之处,进而不断地改进和提高自己的教学,这样,自我反思就成了教师自我提升的重要途径。"反思性实践者"是唐纳德·舍恩在20世纪发表的《反映的实践者——专业工作者如何在行动中反思》一书中提出的概念假设。他认为:"'反思性实践者'是复杂情境中能动的问题解决者,这一概念为认识教师形象提供了新视角,凸显了教师作为能动的实践者的主体性和主动性。"作为"反思性实践者"的教师,实际上已经不同于以往只关心自己的教学活动的教师,而是将反思带进了教学的过程中;他们的反思也并非单纯地对教学进行思考,而是与教学实践有密切的联系,这种联系是有益于教学且对教学有指导性作用的。"在这里,反思被看成一种植根于教师内心的、致力于不断丰富与完善教学实践的力量,教师不再是由外在技术与原理武装的'技术熟练者',而是在实践中不断建构和提升自身经验的'反思性实践者'。"教师的角色在反思性的教学实践活动中产生了转型性的变化,而在这个过程中,对反思的认识也得到了深化,从而更好地把高质量的教学反思成果用于指导教学实践。汉语国际教育师资提高了用教学反思的成果指导教学实践的能力,也可以使他们教学水平的提高具有切实的保证。

第三节 高校汉语国际教育师资教学评估能力的培养

一、汉语国际教育师资应当掌握的一些新型的教学评估方式

(一)在汉语国际教育中汉语师资应掌握的真实性评估方式

真实性教学评估(也称真实性教学评价)的内容十分丰富,因此,简单的定义难以解释清楚其内涵。有学者对真实性评估给出了描述性的定义,可以使人们对这种评估方式形成较为全面的了解:"真实性评价的一般设计原则包括把握基本学习活动的中心和对我们有意义的理解及能力;富有教育意义和吸引力是课程的一部分,而不是除了'等级评定'以外没有任何其他目的的干扰;反映真实的生活、学科间的挑战;给学生呈现复杂的、不确定的、开放式的问题以及整合知识和技能的任务;经常终止于学生完成的作品或者学生的表现;是设定标准的,指引学生向更高、更丰富的知识水平前进;认可和重视学生的多种能力、各种学习风格以及各种文化背景。"由此可以看出,实施真实性教学评估的要点在于其融合于课程、开放性和真实性相结合、依据学生的作品和表现进行评估等特点。这种评估方式显然不同于单独进行的传统教学评估,也避免了单一地依靠考试进行评估的偏颇。

真实性评估强调的是重视学生的特点,贯彻"以学生为中心"的教育教学理念。真实性评估更多的是鼓励学生发挥其作用,"真实性评价呈现给学生的任务是有趣的、有价值

的及与他们的生活密切相关的。真实性评价激励他们提出问题，做出判断，再次思考问题以及调查其他可能性。它承认个体差异，提供多种选择。对许多学生来说，从这种评价方式中最大的收获可能是对学习、学校以及他们自己更加认可的态度"。真实性评估也给学生提供了充分地展示能力的机会，通过鼓励和激发学生的良好表现，真实性评估更能衡量学生的真实水平。汉语国际教育师资在对学习汉语的外国学生进行教学时，如果掌握和运用真实性评估的方式，可以更准确地把握学生的学习情况和汉语水平。

对低龄的学生进行教学评估，对教学者来说是一个难题。真实性评估具有把教学评估与学生的真实生活联系起来的特点，这也为汉语国际教育解决对低龄学生开展评估的难题提供了便利。"教师支持学生发现课堂学习与儿童实际生活之间的联系，教师协调这两者的关系，让学生感知到知识之间的相互联系。真实性评价有助于达到这个目的。这些联系为杰弗里和雷纳特·盖恩所谓的'热认知'的时刻（对学习发自内心的喜爱）做准备是形成终身热爱学习的基础。"真实性评估有助于学生建立起各方面学习内容的联系，可以培养学生不断学习的兴趣。开展汉语国际教育时，培养学生的学习兴趣至关重要，是汉语教学成功的重要前提。汉语国际教育师资应当充分发挥真实性评估对提高学生学习兴趣的作用。

（二）培养汉语国际教育师资利用学生同伴评估方式的能力

学生参与教学评估活动，也是不同于传统的教师完全主宰教学评估的一种新型的评估方式。学生参与评估时所评估的对象一般是他们所熟悉的同学，他们作为同伴会比较了解所评估对象的情况，因此这属于一种同伴评估的方式。有学者提出了诸多学生同伴评估方式中的一种："为了让同伴评价成为评价过程的一个更正式的部分，我们开发了许多技术，其中一种技术是让学生正式地相互批评对方的作品。在批评期间，被评估的学生陈述正在进展的作品，解释他们试图取得什么成就以及打算如何取得，其他的学生就什么可以继续、什么需要改进提供详细的反馈。"作为同伴的学生在某些方面对同学比教师有更深入的了解，他们的评估因此也会更准确。除此之外，学生参与评估还有促进评估者自己学习的作用，因为这些被评估的学习活动也是学生同伴都会参与的，评估培养了他们不同的看待学习活动的角度，也可以使他们对学习活动形成更深入的理解。

让学生参与教学评估，并不是为了减轻汉语教师的教学评估任务负担，而是为了达到更好的教学评估效果。汉语国际教育师资可以把多种评估方式结合起来，使教学评估的结果更为客观。有学者就建议教师把学生自我评估与同伴评估结合起来："可以通过许多方式让学生参与评价过程，也有许多这样做的理由。有些教师把自我评估和同伴评估作为评价计划的一个常规部分，他们发现，再也不用评改学生做的每份试卷了。更重要的是，在对自己或他人作品的评定过程中，学生开始承担越来越多的责任，他们开始内化评价标准并以这些标准作为自己日后努力的方向。随着评价过程中学生自主性的增加，他们将获得一种对自己的学习和成长负责的感觉。"汉语国际教育师资运用学生同伴评估的方式，可以通过赋予学生评价的职责，实现增强学生责任心的目标，而这样做还对学生自己的学习有促进作用，所以，汉语国际教育师资要有效运用这种评估方式。

（三）汉语国际教育师资在汉语国际教育中采用团体等级评估的方式

与前两种教学评估方式不同，团体等级评估方式主要由教师来完成。团体评估是由多人参加的一种评估方式，其目的是减少个人评估时的主观性。"团体等级评定是减少评分主观性的另一种方法，这种方法用多数人认同的判断来代替一个人的主观性判断。在这个过程中，个人评分的主观性减少到最小甚至被消除。"汉语国际教育的评估活动，虽然有不少的客观性评估，但是也难免有许多主观性的评估活动，如对学生的输出性语言表达技能（说、写）的评估，常需依靠主观性的评估手段，而要想避免评估结果的主观性，采取团体评估的方式是一种很好的途径。

团体等级评估的适用面比较广泛，通常是教师们集中进行评估活动，投入的时间可以灵活安排，根据评估工作的不同，时间长短可以有所不同。"团体等级评定的参与者一般是教师，他们聚集在一起对大量的成长记录袋、表现样本或者测验进行评分。等级评定的时间视工作量而定，短的时候只用一天，长的时候可能需要一周。"对参与团体等级评估的汉语国际教育师资要事先进行专门的培训，而受训师资的主要工作是要掌握确定统一的评估标准的方法，确保开展评估工作时大家能够达成一致的评估标准。"团体等级评定从培训开始，在培训期间，参与者学习如何对表现、试卷或者成长记录袋进行评级，评级的根据是一套大家都同意的标准。通常等级评定者以团队的方式工作，每个团队由一位富有经验的领导者领导。"教师们所共同确定的统一的评估标准，应当获得每一位参与评估的教师的认同和认可，同时要安排团体评估团队领导者来协调评估的整体工作。

保证团体等级评估客观性最为关键的是确保评估标准的一致性。在团体等级评估中，汉语国际教育师资仍然是单独进行评估活动的，但是要避免汉语师资的评估，因为他们的主观性过强而出现偏差，就要确保他们每个人都参与到使评估标准达到一致的准备活动中。有时这个过程并不是一次性的，有学者就提出了一种校正评估标准的具体操作方法："在每个人都对样本进行评分后，团队成员聚在一起进行校准。这包括比较每个人的评分，找出意见不一致的地方，然后达成一致意见。作为这个过程的一部分，等级评定者要对他们用来评分的标准进行严格的探讨。他们也可能要面对偏见，诸如对拼错的单词或者不规范的书写的厌恶，校准一直维持到整个团体在每个样本的评分上达成一致为止。这时，事先选出的那些样本就可以作为标准试卷或者基准样本，来对其他试卷教学进行评分了。"这种团体评估是要先确定评估对象的等级标准，然后再具体实施评估操作的，评估标准的确定是首要的，这要经过一个反复校准的过程才能确定，其结果就是形成一个标准的评估样本作为所有教师评估时参照的范本。应当创造实践或模拟的机会，培养汉语国际教育师资掌握这种确定评估标准和开展团体等级评估的能力。

二、汉语国际教育师资新型教学评估方式创新能力的培养

（一）汉语国际教育师资利用现代教育技术发展新型汉语教学评估方式能力的培养

在当今世界上的语言教学评估工作中，现代教育技术的应用越来越广泛，而这些新技术有助于形成新型的评估方法，促进语言教学评估的发展。汉语教学的评估工作有时确实会让汉语国际教育师资感到负担较重，但新技术所带来的高效率可以使教学评估工作更易于开展。因此，汉语国际教育师资很有必要掌握利用现代教育的新技术发展新型教学评估方式的能力。档案袋的评估方式就是一种新型的评估方式，而与新技术的结合可以使这种评估方式更好地发挥其作用。有学者论及："新技术的应用可以和档案袋的评价方法配合起来使用，使用文字处理系统写出的文章和学生自己制作的多媒体文稿也可以组成一个档案袋；技术也可以为档案袋的创建提供条件和环境，储存和组织学生的工作、扫描艺术图片、保存声音文件；教师、学生和家长都可以对这些作品进行评价。"新技术可以使档案袋的形态变为电子化的，而电子化的档案袋更易于汉语教师建立、整理和归纳。档案袋的内容也因多媒体技术的应用而更加丰富，除了传统的文字材料之外，还可以保存含有图片、音频和视频类的电子档案，从而有助于汉语国际教育师资更为便捷高效、全面立体地进行评估工作。利用电子资料易于复制和传播的优势，还可以使更多的人参与到教学评估的活动中，由于有不同的评估视角存在，就可以使教学评估结果更加客观、公正。

在开展汉语国际教育时，利用现代教育技术开展教学评估工作，可以有多方面的作用。有学者提及了其中的几个方面："申右德和弗雷德瑞克森还强调技术可以帮助教师设计出更真实、更复杂的学习活动，可以把学生的作品复制下来，可以用各种新技术工具解释学生的作品，可以让更多的人参与评价活动，可以把计划或工作打印出来。"由此可以看出，利用新技术还可以帮助汉语国际教育师资更为便捷、有效地分析教学评估的结果，并且把这种教学评估的结果更直观地展示出来。汉语国际教育师资利用现代教育技术在信息处理加工方面的优势，可以更充分地发挥教学评估在促进学生学习方面的优势和良好作用。

（二）汉语国际教育师资发挥学生参与教学评估的作用以创造新型的评估方式

汉语国际教育在新形势下要想在教学评估方式上有所创新，就需要改变教学评估的主体和操作者只是教学者的情况，新型教学评估方式的创新更要注意提高学习者在教学评估中的参与度。有学者提出："在国际汉语课堂教学中，有些教师囿于中国传统教育理念，师生的等级观念非常强，以教师为中心或是主体的评价语是树立教师权威的重要保障。为了适应汉语国际教育对新型教学评估方式的要求，汉语国际教育师资必须改变以教师为中心的传统教学评估理念，充分发挥学生参与教学评估的主动性，要充分激发学生参与教学

评估的热情和积极性。"

在传统的教学评估方式中，汉语国际教育师资出于帮助学生提高汉语水平的目的，经常出现指出和纠正学生偏误的评估倾向。实际上，在跨文化交往过程中，师生间需要进行意义协商。所谓的意义协商，就是教师应该营造一种平等、民主、协商、和谐的氛围，在这种氛围中，不同的文化属性才能得以彰显，从而实现异文化之间的相互理解，实现共通与共识。教学评估也涉及跨文化交际的问题，而要解决好这方面的问题，就需要汉语国际教育师资在教学评估的工作中通过师生协商的方式，把学生引入评估工作之中，从而解决汉语师资的教学评估工作"水土不服"并且让学生们不满意的问题。此外，汉语国际教育师资要有意识地调整自己，营造出师生平等的教学评估氛围。这样，学生们的参与才能取得良好的效果，师生之间的合作也才能顺利进行并取得实质性的有效评估成果。

（三）汉语国际教育师资要创造鼓励学生汉语学习的新型教学评估方式

汉语国际教育师资对学生采用鼓励性的评估，可以起到促进学生更积极地学习的作用和效果。有关专家的研究已经证明了这种评估方式对学生的鼓励作用：著名语言学家纽南通过研究表明，教师在进行积极反馈时，不仅能使学习者知道他们正确地完成了任务，还能通过赞扬增强他们的学习动机，因此积极反馈比消极反馈更有利于改进学习者的行为。以鼓励学生积极学习汉语为主的新型教学评估方式，要求汉语国际教育师资在教学过程中对学生多进行积极的反馈，也就是对学生的正确的语言表现多加注意和鼓励。这样的积极反馈对学生的汉语学习可以有多方面的促进作用，有利于汉语国际教育师资最终实现其教学目标。

（四）汉语国际教育师资利用任务型评估方式创建新型的教学评估方式

任务型语言教学是新型的语言教学方式。如果汉语国际教育师资采用通过学生完成任务的方式进行评估，也可以形成创建新型教学评估方式的新思路。"国内实践表明，采用任务型语言教学可以较好地实现跨学科、综合学科的学习，使语言贯穿于其他学科学习。实施任务型语言教学有助于评价体系的完善，它可以使我们更新评价的观念——注重过程评价；调整评价的手段——各项技能的综合评价；充实评价的方法——以人为本的全面评价。"汉语国际教育师资如果能够采取任务型语言教学的新理念从事新型教学评估方式的创建工作，可以带来教学评估观念、手段和方法的全面更新，这样做可以丰富汉语国际教育师资的教学评估内容，使他们进行教学评估有更多的选择和创新的余地。

语言教学走向综合是一个重要的发展趋势，而语言教学评估中也越来越注重综合考查学生的语言能力。任务型语言教学的评估方式，正是通过学生实际运用目的语完成任务来进行综合、全面考查的。有学者提出："要考查语言运用能力，不能仅仅考查单项的语言能力，而需要综合地考查，也就是在实际运用语言的情况下，才能真正考查出运用能力。正如 Skehan 所说的：能力如果不和语言的运用结合是没有意义的，而通过完成任务则能体现出学习者综合能力并能预测他们今后能力表现的理想方法。"汉语国际教育师资应当具备借鉴任务型教学评估的方式，创建适合汉语国际教学使用的新型评估方式的能力，在师资培养时要使他们有能力跟上世界语言教学评估的发展潮流，使所创建的教学评估方式更能适应汉语国际教育发展提出的新要求。

第四节　高校汉语国际教育师资培养过程中的文化培养

一、提高文化教学能力在汉语国际教育师资培养中的重要性

（一）在跨文化交际中文化误解的严重性凸显了师资文化教学能力提升的重要性

由于跨文化交际是发生在不同特点的文化之间的，具有不同特点的文化必然存在差异，这种差异容易导致文化误解，在文化误解严重时甚至会产生文化冲突。跨文化交际是拥有不同文化的人的交际，由于交际信息编码与解码间的文化差异，不同文化之间交际时常常会出现信息的失落或信息的误解，甚至还会出现信息的文化冲突。跨文化交际有着不同于一般的同一文化内部交际的特点，同一文化圈内部的人员对他们交际的特点习焉不察，但是在跨文化交际中，这些特点就凸显出来了。对于这些特点，有学者总结为：就是在不同文化之间进行交际时，由于文化不同，交际者的历史传统、生活习性、风俗习惯、交际规则、思维方式，乃至价值观念等各方面都会有所不同。这种多方面的不同所造成的文化差异，会对跨文化交际产生不利的影响，"这些方面的文化差异容易造成跨文化交际中交际信息的失落、误解，甚至文化冲突，最终还可能导致文化交际的失败，无法实现跨文化适应"。由于文化差异造成的文化误解所导致的跨文化交际失败，可能给汉语国际教育师资带来巨大损失，从而导致汉语教学和文化传播的工作难以开展。尤为可惜的是，这种损失完全有可能是在没有意识到的情况下发生的，而当损失出现以后，往往又难以挽回。

传统的教学观念、教学方式已经不适应汉语国际教育新形势发展的需要。世界范围内第二语言教学的变革已然开始，多方面的语言教学探索已经在开展，文化教学给汉语教学的新发展带来了更为明确的方向。汉语国际教育的开展也使文化传播有了更加明确的目的，这就是促进文化理解并达到相互的交流和共同的发展。促进文化交流是中国和世界各国共同的迫切需求："柏林市市长对我说：'文化交流是最重要的，我们就是要激发中学生的汉语兴趣、大学生的文化兴趣、大众的中国文化之可感知。'这是翻译问题呢，还是他原来就这么用词呢？'可感知'三个字非常值得深深地体味。"文化传播以语言为媒介，可以更加深入、便捷并且达到更好的效果，也可以使国际社会认识到中国所开展的汉语国

际教育并不是以改变他人为目的,而是期待着不同文化背景的人相互之间可以更加理解与信任。

(二)汉语国际教育师资掌握文化教学能力对实现汉语教学目标十分重要

汉语国际教育师资在教学观念和教学意识上,只重视学习者语言交际能力的发展是远远不够的,这样对语言教学的认识和理解未免狭隘。有学者提出:"语言交际能力仍然是多数教师认为的二语教学的唯一目的。语言交际能力虽然是主要的交际能力,但不是完整的能力,还应包括非语言交际能力、交际规则转化能力和跨文化适应能力。"显然,在汉语国际教育中,如果仅仅局限于对语言的教学,是难以完成全部的教学任务和教学目标的。对汉语国际教育师资的培养,也不能仅仅局限于汉语教学技能的培训。"是否不以语言技能教学为唯一中心?因为让目标人群对中国产生兴趣可能是最重要的。所以,派驻上述地区的教师除了掌握语言本体知识与一般的语言教学技能外,更重要的是对特定对象的深切了解以及中国文化传播技能、跨文化交际能力等。"可以说,汉语只是中国的一个方面,尽管这是认识和了解中国的重要途径和手段,但是中国不仅仅有汉语,中国还有更为丰富多彩、博大精深、绚烂无比的中国文化,而这些是更有吸引力和传播力的中国元素。因此,汉语国际教育师资运用文化要素的能力就显得更为重要。

开展中国文化教学,除了可以吸引更多的学习者外,更重要的是可以更好地满足学习者的认知需求,即他们了解当今和以往的中国,以及理解和学习中国文化的需求。所以,也可以认为文化教学与实现汉语学习者学习目标的相关度是最高的。汉语教学界一再强调语言教学目标的设定要以需求为准则,由此制定出汉语教学以培养学习者的交际能力为教学目标。但是进一步考虑,学习者掌握目的语交际技能的目的又是什么呢?实际上,他们是要进行跨文化交际,由此达成跨文化理解,因此,汉语国际教育师资要重视和掌握文化教学能力,这对更高水平地完成汉语教学任务至关重要。

(三)发展高层次汉语教学的能力需要汉语国际教育师资重视文化教学

语言教学发展的新趋势所拓展出的一些新理念和新形式,如任务型教学、合作教学、自主课堂等是关注人们之间的社会性互动的结果,而不是只停留在对知识的理解、对技能的掌握上。而跨文化理解、交流是困难的,是语言教学更高层次的发展,也是对语言教学更高的要求。促进学习者跨文化交际的文化教学,是对语言教学更高层次的要求,是语言教学进一步发展的需要。汉语教学更高的目标,应当是使学习者"得意而妄言"。如果学习者随时随地关注着语言形式,随时随地担心着目的语使用的错误,那么,他们对目的语的掌握一定是不熟练的,汉语教学也就没有达到培养学习者交际能力的目的,教学没有达到应有的效果。

汉语教学如果只是停留在语言形式的教学上,不考虑教学内容的重要性(内容曾被认为不是语言教学应当考虑的事情),就会使语言教学脱离社会;如果只是关注语言形式的教学，失去了对语言教学目标的针对性，变成了枯燥的形式操练，则意趣全无。问题的解决之道，应当是把语言教学引入与中国文化的传播相结合上去。对语言及语言教学只是进行工具性的理解还不够，应以建立人与人之间的良好关系为目的，以文化传播、文化交流为目标来教授语言，就可以实现不同文化背景的人群之间的相互理解了。

汉语国际教育师资要想顺利地开展跨文化教学和跨文化交际，还要特别重视对母语文化（中国文化）的学习和掌握。有学者尖锐地指出："在跨文化交际学习与研究中，人们习惯于关注外语和外国文化，对母语和母语文化却重视不足，有些人甚至轻视对母语和母语文化的学习和研究，这不仅极不正确，也是十分有害的，因为他们会忽视跨文化交际的根基和方向，更谈不上跨文化意识，因而无法进行跨文化交际。"确实，汉语国际教育师资所要开展的跨文化交际必然要与其母语文化（中国文化）相关联，如果不努力掌握汉语和中国文化，那么肯定不能做好跨文化交际，因为交际对方正是基于汉语师资是汉语和中国文化的传播者才与之进行交往的，而跨文化交际的意愿和目标也是开展国际教育文化教学的基础。

二、汉语国际教育师资应重视语言教学中的文化问题

（一）重视语言教学中的文化教学是汉语国际教育师资专业发展的必然途径

不同文化背景的交际者之间在语言等方面的差异容易形成沟通和交流的障碍，因此，如果要达到交际双方的相互理解，就更需要加强彼此之间的沟通，但要消除这些障碍却并非易事。在语言交流中，并非交际者只需使表达的语句完整、语法正确无误就能解决一切交际问题。在沟通技巧层面，学生们仍然有许多需要学习的内容。不同文化之间沟通、表达习惯的不同常常也会带来交际障碍，这就涉及跨文化交际方面的问题。

加强语言教学中的文化教学并非轻而易举，这是因为文化的教学不依托于语言交际就难以进行。文化的问题在汉语国际教育中受到了一定程度的重视，也对汉语国际教育师资进行了中国文化才艺的培训。但是在实际的教学中，文化教学与语言教学常常是两不相涉的。有学者就提出，汉语教学中的文化活动有许多局限性，"在外语教学及国际汉语教学中，文化活动本身的局限性主要体现在四个方面：（1）它无法作为独立的技巧手段；（2）它是不完整的学习活动；（3）它缺乏与语言信息的共时展示；（4）它缺乏对语言信息处理过程的'同步融入'。在缺乏干预的情况下，这样的局限性会使'对文化信息的学习'与'对语言信息的学习'形成实际上的相互分离"。实际上，要想把语言教学与文化活动结合起来是有一定难度的，且结合得不好很可能会分散学生的注意力，争夺有限的学习资源（时间、精力等），偏离培养语言交际能力的语言教学目标。因此，汉语国际教育师资要重视文化教学的问题，并且处理好相关问题。

（二）在海外环境的汉语国际教育师资要探索新的文化教学方式和新的教学思路

汉语国际教育师资在海外开展汉语教学时，必然要面临跨文化的交际环境，而他们所要完成的语言教学和文化教学任务也会面临一些如何取舍的两难处境，传统的讲授式的教学方式已经难以应对和满足教学的要求。例如，笔者在对赴美汉语教学志愿者进行培训时，遇到一位即将赴美国高中任教的志愿者，赴任学校要求她要开展较多的中国文化教学。她在培训之后的教学试讲时，选择了介绍汉语中打招呼的特有表达方式（如"你吃了吗"等）作为教学试讲的文化主题。她在进行教学设计和实施试讲时，采用传统的知识教学方式，但是这种"教师讲、学生听"的教学方式却遇到了困难。她想要介绍"你吃了吗"这句汉语问候语背后的文化意蕴，但是遇到了两难困境：如果文化教学的内容用目的语汉语来介绍，会超出学生的汉语水平，使他们难以理解；可是用学生的第一语言英语介绍的话，又达不到开展汉语教学的目的。这在汉语国际教育师资面前就出现了一个使用何种媒介语言开展文化教学的问题。

面对她的困惑，笔者给出的建议是：采取任务型教学方式，让学习者自己地去探索、发现中国人打招呼和问候的各种表达方式及其中蕴含的文化意蕴。把对这些学习内容的介绍作为任务布置给学生，可以安排学生分组合作，然后每个小组派出代表用汉语来介绍，并且比较评价各组之间介绍的特点和水平；一些与表达主题相关的关键词语和表达方式，可以提前介绍给学生们；在学生介绍、教师总结之后，再次回到语言本身，用"聚焦语言"的方式，使班上的每位学生都在汉语学习上有所收获，在活动中提高汉语水平。

通过这样的方式，学生不仅学得和练习了目的语，还了解了中国人的交际习惯及其中的文化动因。教师在教学过程中，仍可以对学生进行引导、指导和纠偏，但不必长篇大论地讲解。这一主题的教学，还可以扩展到与其他国家的同一文化项目的比较，布置任务让学生找出异同，并说明原因。由此可见，汉语国际教育师资如果采取这样的方式进行教学，既可以使在海外开展的汉语文化教学顺利进行，也可以与语言教学不相脱离，同时实现了汉语教学的目标。在海外环境下开展教学的汉语国际教育师资，要根据具体的教学任务和目标探索新的文化教学方式和教学思路，这样才能顺利地完成教学任务，取得良好的教学效果。

（三）汉语国际教育师资跨文化交际能力是解决文化教学问题的重要基础

在汉语国际教育中，汉语师资要想完成汉语教学的任务，仅仅重视对学生们进行言语技能和言语交际技能的培训是远远不够的。随着汉语教学研究的深入，学生跨文化交际能力的培养日益受到汉语教学界的重视，甚至被认为是汉语教学的中心任务，柯彼得指出："将来的国际汉语教学……都应该以跨文化能力以及跨文化交际能力为焦点。"这里所提及的"跨文化能力和跨文化交际能力"包含许多内容，柯彼得认为主要应包括语言和文化两个方面的能力:"这也包括要系统地使用两种语言和文化的对比方法,以增强学习者在母语和汉语之间,也包括在自己的文化和中国文化之间按需转换角度的能力和识别文化差异的能力。"汉语国际教育师资要完成培养学生跨文化交际能力的任务,自身就应当具备跨文化交际和教学的能力,以及相关的跨文化交际知识,这样才能胜任汉语国际教育发展提出的新要求。

汉语国际教育师资在海外开展汉语教学时遇到的跨文化交际问题比在中国境内更为突出,在海外,经常会遇到学生的语言背景相同而文化背景多元化的复杂情况。此时,汉语国际教育师资具备跨文化交际能力就显得十分重要。"实际上,汉语教师在面对来自不同文化背景的学生时,不但要了解学生文化的多样性,尊重来自不同文化背景的学生及其独特的学习方式,而且要保持对文化的多样性的警觉。特别是在汉语国际推广的背景下,越来越多的汉语教师赴海外进行汉语教学,在海外非汉语环境下从事汉语教学,更需要教师具备跨文化交际的实践性知识。"汉语国际教育师资要具备跨文化交际和教学能力及相关知识,就要经过专门的系统培养;同时,只有亲身实践这些知识和能力,才能有更深刻的体会和更为深入、全面的掌握。

许多汉语国际教育师资(尤其是新手教师)还不能适应这样的时代要求,他们的跨文化交际能力和跨文化教学能力都还存在许多不足。有学者就指出:"新手与熟手教师比较明显的差异表现在跨文化交际知识上,熟手教师比新手教师运用了更多的跨文化知识。这表明,具备跨文化交际知识和能力并在课堂教学中加以运用,是熟手教师区别于新手教师的重要特征之一。"在汉语教学中,汉语国际教育师资运用跨文化交际知识,不仅可以使教学顺利开展,还可以避免出现跨文化的教学障碍,更为重要的是可以实现学生跨文化交际能力培养的汉语教学目标。我们可以认为,汉语国际教育师资的跨文化交际能力和跨文化教学能力是开展汉语国际教育的基本能力,是他们解决汉语教学中文化问题的重要基础,应当引起足够的重视,并采取措施进行培养。

第四章　汉语国际教育课堂教学

外国学生和中国学生有所不同。我们在观看众多的国外课堂的教学录像的过程中不难发现，国外的课堂教学形式比较多样，学生的学习主动性较强。这就决定了在汉语国际教育的课堂上，形式也应该是丰富多样的，这样才能吸引外国留学生的兴趣，使他们真正爱上汉语、爱上中国，从而让他们学习到更多的汉语知识和文化。

第一节　听力教学

一、听力理解的相关理论

（一）听力理解的本质

杨惠元认为，听力理解的本质是人们利用听觉器官对言语信号接收、解码的过程。听的活动，实际上是听者在接收到言语信号后，大脑的高级神经活动对该言语信号进行综合分析的过程，是对信息进行认知加工的主动行为。

听的活动一般可分为四个阶段：①听觉器官对接收的连续音流进行感知并切分，根据语感将连续音流切分成若干词语、语句或片段；②把切分出来的语言片段存储在短期记忆中，并不断地与前后的其他语言片段联系起来，逐渐扩展语义理解；③经过听辨的语句群经过筛选形成精练的形式和意思，储入长时记忆；④与各时段分别存储的意思逐渐叠加连接，直至领会材料的整体意思。

上述听的活动过程在瞬间得以完成，但在心理加工上则是一个极为复杂的过程。这是在听话人凭借已有的语言知识、语感、背景等经验采取的一系列认知策略的作用下形成的。这一策略包括预测、筛选、印证及修正等。预测是指人们在听的同时，还根据上下文、语境和其他副语言手段（如说话人的动作、表情、语气等）猜测下面即将听到的言语内容；筛选是指听者的注意力大部分集中于最关键的或自己最关心的言语片段，而剔除了许多次要的（或听者认为暂时是次要的）、不影响整体意思及一些与当前话题无关的内容；印证是指凭借听者自身的经验背景及接下来接收到的信息对前段接收、预测和筛选的信息进行验证，将正确的理解保持下来；经印证是不正确的理解，会通过回顾记忆中存储的材料而进行调整，即修正，直至在下文中得到合理的解释。这样，听力理解就变得准确而迅速。

（二）影响听力的因素

在真实自然的交际中，言语信号是快速、连续、线性呈现的，转瞬即逝。因此，接收和解码必须高速进行，既快又准。换言之，衡量听力水平的标志是听话人理解材料的速度和准确度，即我们常说的反应能力。听力训练的任务就是帮助学生摆脱种种因素的制约，提高这种反应能力。刘颂浩指出，影响听力理解的因素有语言内的，也有语言外的。郭金鼓在谈到科技汉语听力理解时指出，影响听力理解的语言因素有词汇量、对科技语言的了解、对语音的适应能力等；非语言因素有学生的文化知识水平和接受新知识的能力、心理和身体状况（情绪、紧张和疲劳程度等）、环境等。郭锦桴提出，语言知识是言语听力的基础。但言语听力并不仅仅是语音听力，还包含词汇、语法、文化背景知识等，实际上体现的是一种语言综合理解能力。对外汉语教学作为一种语言教学，应该更加重视语言因素。但对语言因素是如何起作用的，则有不同的观点。总的来说，影响听力的主要因素有以下两点：

1. **听力输入材料的因素**

听力材料的情况对接受者的听力理解有着重要的影响。听力材料本身的一些特点，如语音、语速、词汇、句法、语篇，以及有无视觉辅助等因素，对听力理解都会产生影响。汉语的同音词、近音词较多，同样一个音节"gongshi"可以表示很多种意思，如"公式""公事""公示""攻势""宫室"等，因此，近似语音对听力理解影响很大。区分近似语音，必须以培养辨音的能力为基础。具备了良好的辨别能力，即使有些词语一时听不明白，也可以凭借正确的声音印象记录下来，以便在下面的语境中进一步修正、确认。重音和节奏对听力理解也有影响，虽然汉语中的重音没有区别性意义，但重音形成的焦点则具有语用上的意义，这会在很大程度上造成外国留学生的理解困难。节奏在一定程度上和焦点也有关系，节奏的快慢、配合重音地使用，往往可以表达说话者的主观情绪和焦点信息。话语中所强调的信息也可以凸显出来，跟上说话者的节奏才能把握其话语内容的推进速度和关键信息的传递点，才能达到正确的听力理解。语速毫无疑问会影响听力，若语速过快，听者来不及反应，必然影响对话语的理解。语速的快慢有时是一种心理感觉，所谓语速过快，有时并不一定是材料的语速快，而是听者的反应慢。生词、句型和语法现象及已学词语的陌生用法，往往是听力理解过程中的主要障碍。一般说来，同一个句子中如果出现三个以上的生词，整个句子就很难听懂了。因此，听力材料的选择一定要注意难度适当，必须循序渐进，以学生能听懂基本内容为前提，同时要注意扩大学生的词汇量。具体方法可以在听前印发、讲解即将出现的新词语，使学生在听时可以引起注意；也可以以开卷的方式，让学生学会利用工具书。对于陌生的句型和语法现象，基本上也可照此法来做，但一般以教师讲解为主。

不熟悉的题材、背景知识同样会给听者造成感知和理解上的困难。许多汉语学习者可能都有这样的体会，即在听一段材料时，虽然并未遇到什么陌生的词语、陌生的句式，但就是听不懂。比如，外国留学生听相声时，往往无法理解为什么人们会发笑。产生这种现象多半是由于学生对中国的生活习惯、话语习惯及文化背景了解不够、体会不深，表现在不适应长句子，对词语的言外之意及文化背景理解不到位。对付长句子和复杂句子的主要途径是提高学生使用语法规则的熟练程度，一方面要让学生学会抓主要词语和主要成分；另一方面要让学生善于语言分析，要注意，过多过细的语言分析易养成不良的听说习惯。有些时候，直接释义，坦言用法，使之习惯成自然，反而更有利于学生言语能力的发展。在对词语言外之意的处理上，要认识到在多数情况下，学生与其说是不懂语言的言外之意，倒不如说他们没有意识到和不善于发现。

听力材料的类型对听力理解也有影响。从形式上看，听力材料可分为单纯声音材料和音像材料；从语体上看，听力材料包括书面语材料和口语材料及各种不同功能的语体材料。大多数叙述性材料要比评论性材料更易于理解，而书面语体的材料因句法上比口语体材料更为复杂，信息冗余度小，所以更难理解。借助视觉支持的学生对材料的理解情况也比单纯靠听觉的学生要好一些。因此，听力训练初期，一般都从日常会话着手，从视听说课开始，到高年级再接触新闻、演讲材料等。就材料结构而言，依时间顺序和情节展开的过程进行的描述要比打乱顺序的描述更易于接受。从材料加工程度来看，听力材料可以分为真实语料和加工后语料两种，后者较前者更易于理解，因为加工后语料是经过筛选、调整后在专业的录音背景下录制的，语音较标准，语句更通顺，背景更清晰，无杂音干扰。而前者是从社会生活中录制的真实语言材料，说话人因素包括说话人的性别、社会角色及其语音、语调特点等都比较复杂，而且说话人语流中的迟疑、重复、停顿、联音（包括同化、缩音、省音和连读等）及节奏变化等，有时也会引起学生的感知困难，造成其理解上的错误。这种听力材料还存在语音不够标准、常常伴随方言、句法不够规范的问题，加上实时录制造成背景有杂音干扰，会造成学生的听力困难，如实况听力课程往往就会采取这种听力材料。但是，当学生汉语学习到一定的阶段，在听力教学中引入真实听力材料是有必要的。对这个过程中产生的困难要采取正视的态度，教师要循序渐进地引入不同难度的听力材料，即使学生达不到实况听力水平的阶段，也应该尽可能选用原籍人士（不同年龄、性别、身份）在自然场合下的话语作为听力材料，帮助学生学会面对更广泛的社会角色，面对更多类型的交际任务，适应不同的交际场合、不同的交际对象。因为学习外语的目的，就在于同更广大的目的语人群进行更自然、更真实、更直接的交际。

2. 听力输出对象的因素

听力输出对象，一般就是指听话人，在这里具体指汉语学习者。听话人的文化能力、外语经验、汉语水平、背景知识、心理状态等都是影响听力理解的重要因素。语用学认为，任何语音单位由静态存在进入动态交际的过程中，便会立即和一定的语境联系，产生具体的语义。当人们利用语言时，有的社会功能就会受到某种语境因素的制约，造成意图与字面意思相脱离。这就是很多人在汉语测试中觉得听懂了，但答案却错了的原因所在。

外语经验包括：一定数量的可感应性词汇；一定数量的具有可使用性的语法规则和话语规则；有关的社会文化背景知识；对外语发音的习惯程度等。一个人储存的外语经验成分越多，越便于加快反应速度。

听力水平是汉语综合水平的一部分，因此，学生的汉语综合水平制约着其听力水平。学生的汉语综合水平越高，就越有利于其听力水平的提高。首先，良好的语音面貌、较高的对汉语发音的习惯程度有助于听力的发展。发音准确、清晰，对汉语的语音有正确的感性认识和亲身体验，才能有助于用内部言语快速反应，大大提高理解的速度。其次，丰富的词汇、纯熟的语法规则和话语规则有助于减少听力障碍；足够的文化背景知识有助于提高听力理解过程中的预测、筛选等能力；而较高的阅读能力和口语表达能力也有助于听者在训练中更加得心应手。

听者的心理状态对听力理解的顺利进行同样十分重要。首先，听者对听力训练的喜好程度直接影响其注意力的集中，而注意力的集中程度决定着外语学习者能否连续接受语音信号并快速进行认知加工。其次，听者的自信心对听的效果也有很大影响。自信心差的学习者在遇到生词和难句时，比较容易紧张，一遇到听不懂的地方就思维停顿或是纠缠不放，这样对接下来的部分就会出现听而不闻的情况。如果学习者仍然不能及时跟上，就会一错再错，直接影响整体的听力效果。心理素质较好的学生，往往能够以正确的态度来对待困难，如果发生错听、误听或听不明白的情况，就会把它们当作暂时性听力障碍跳过去，继续往下听。这样当对材料有了整体性的把握之后，借助上下文猜测和推理，许多局部问题就会逐步明了。即使仍存在问题，也不会因小失大，因局部失误而影响全局。有鉴于此，听力教学应注重培养学生良好的听音方法和习惯，在听的过程中应把注意力集中在关键词和大意上，而不是集中在听某一个单音或词上，应从听力语篇整体内容的角度进行有用信息的挖掘、推理与扩充。

二、听力微技能的培养

20 世纪 80 年代，对外汉语教学开始按专项技能训练开设包括听力在内的课程以来，经过多年的摸索研究，听力课教学已经形成了系统的微技能训练课程教学理论。其中，影响最大的理论就是杨惠元总结的八项微听力技能，即辨别分析能力、记忆存储能力、联想猜测能力、快速反应能力、边听边记能力、听后模仿能力、检索监听能力和概括总结能力。微技能的培养对学生提高听力水平意义重大。下面我们就对这八项微技能的培养进行介绍。

（一）辨别分析能力

辨别分析能力就是处理声音信号的能力。通过听觉器官接收的言语信号，在形式上是语音形式的排列组合，只有在连续的语流中准确地分辨语音形式的排列组合，才能正确理解语音的意义。声音包括语音、停顿、音长、音强、重音、语调等，组合成我们所说的外部信号。如果听者对这些外部信号接收错了，也就理解错了。所以在训练时，学生首先要学会辨别单词中的音位及语流中的语音变化。辨别分析的第一步是培养过滤非言语信号（干扰信号）的能力，以保证言语信号的清晰度，并通过高速的思维活动迅速捕捉言语信号呈示的信息点，辨别语流中的语音变化，包括升降调、节奏、重读、略读及连续等。这些变化都会引起意思的改变，甚至停顿时间的长短也是一种信号，可反映出说话者的态度。例如，辨别重音不但可以找到谈话的关键点和中心意思，而且可以对说话者的真正含义做出推断，从而达到正确理解。

辨别能力贯穿于听力教学的各个阶段。初级阶段特别是语音阶段，听辨声母、韵母、声调音节是听力理解的基本要求。初级语音阶段，听辨训练是听力课的重要环节，要强化训练一些难点音，如让学生听辨送气音和不送气音的对立：

ban/pan dong/tong ge/ke jiao/qiao chai/zhai

听辨唇齿音和双唇音、舌根音的对立：

fa/ma/pa/ba/ha

听辨舌面音和舌尖音的对立：

jia/za qiang/chang xian/shan

听辨圆唇元音和非圆唇元音的对立：

yu/xu xing/xiong

听辨前后鼻韵尾的对立：

gun/gong chun/chong yun/yong

听辨声调也是重要的训练：

jingyan（经验/精盐） lianxi（练习/联系） gaosu（高速/告诉）

词语阶段要让学生听辨语音相近、容易混淆的词语：

展览/蟑螂 辛苦/幸福 年轻/念经 香蕉/想笑

除此以外还有很多，如儿化、轻声、变调等，都是要重点训练培养的听辨能力。

在句子听辨阶段，要注意句子的语调及对重音的听辨。比如："我爸爸的朋友在上海工作了十年了。"要让学生听辨不同位置的重音落点：

我爸爸的朋友在上海工作了十年了。

我爸爸的朋友在上海工作了十年了。

我爸爸的朋友在上海工作了十年了。

我爸爸的朋友在上海工作了十年了。

我爸爸的朋友在上海工作了十年了。

我爸爸的朋友在上海工作了十年了。

进入中高级阶段，特别是在语篇阶段，学生听辨能力的培养就不能仅仅停留在对所收到的言语信号进行辨别分析上，还应该包括辨别分析言语信号的真实性和可靠性，识别优劣，去伪存真，做出判断和认识。杨惠元就举了这样一个例子：

除夕的晚上，我和小王来到中山公园。一对对青年男女在月光下散步，他们一边唱歌一边跳舞。不少年轻姑娘穿着漂亮的花裙子在鲜花前边照相。

这段话中存在一些漏洞，需要学生听辨语音、理解意义，并根据生活经验，指出其中的漏洞和错误。

（二）记忆存储能力

杨惠元在他的《汉语听力说话教学法》中强调了记忆存储在听力能力培养中的重要性，他阐述了美国教学法专家琼·莫莉的观点。她把"听力理解"解释为"听加理解"。她认为，"听"要求接收信息，"接受"要求思考，"思考"要求记忆，不能把"听""思考""记忆"三者割裂开来。其实，理解和记忆是对立统一的辩证关系，在理解的基础上可提高记忆的效果，而记忆储存在大脑中的信息越多，越能加快理解的速度，增加理解的深度和广度。俄国生理学家谢切诺夫说过："一切智慧的根源都在于记忆，言语信号接收解码的速度跟已经储存在大脑中的经验成分的数量有关。"如果人的大脑中目的语的经验成分等于零，那么他就无法解码，听力理解的能力也就无从谈起。因此，杨惠元认为，学生在课前必须预习好生词，做到会念、会写、懂意思，甚至会造句。学生预习得越好，课堂教学就越顺利。尤其是听力教学，课前预习生词、听课文前讲练生词是十分必要的教学环节。这是因为词语教学是帮助学生把一个一个的音义结合体（词汇）输入大脑，成为经验成分，并且通过大量反复地练习，使这些词语具有可感应性，达到呼之即出的熟练程度。如果缺少这一环节，就会出现学生什么也听不懂的情况，教学就无法进行。

除了引导学生课前预习以外，学生的语言知识存储和积累对听力理解能力的提高也很重要。这方面包括汉语的特殊句式、构式搭配、习惯用语、双重否定、倒装省略，等等。在实际的语言交际中，被称作为词的单位并不总是以同样的形式出现，表示同一种意思，有时会带有些附加成分。随着学习者对语言知识和语法结构的了解越来越多，应该有所选择地听各种类型的语法特征。这样，就在大脑中建起一种机制，即使在停止专门听这样的特征或结构之后，大脑还会继续把所听到的内容加以分类，形成正确的反应。

（三）联想猜测能力

联想和猜测都是人类的普遍心理能力。在语言教学中，联想是指听者接收到一个语言信号后，在自身的语言知识基础上迅速和其他相关的语言信号建立起联系的心理活动，也就是认知心理学上的"激活"。比如,学生在听力材料中听到"圣诞节"一词,就会激活跟这个词相关的一系列词语。再比如,学生听到"迟到"这个词,会联想出与这个词相关的一系列词语。猜测是指根据现实的感知和以往的经验,对接收到的语言信号所表达的意义走向做出推测、估计和预测。联想和预测有着密切的关系,在心理加工上有着相似的过程。

Harvey 在他的交际教学法中说:"交际是一种控制论的过程。说话人和听话人可通过所谓的正馈结合成一个环,也可以通过反馈结合成一个环。"所以在听音时,听者可以对 A 和 B 之间的对话内容进行预测。只要 A 一开始发出信息,我们就可以对 B 的前语言现象,即他想说什么进行预测。听者还可以根据他所获得的词的声音进行联想和假设。由于词与词之间的线型联系特性,词的多义性受到限制;而词的搭配又使听者对词义的分析范围缩小。这不仅有助于预测,还有助于辨音。

我们在听外语时都比较怕听到生词,担心生词影响自己对语段的理解,但是在聆听时难免会遇到生词,且听力的即时性又不允许马上查词典,因此,学生要学会通过联系上下文对词义进行猜测。在理解和猜测的基础上,学生再根据短时记忆中存储的内容对即将出现的内容进行预测。猜测和预测的关键技巧是培养捕捉关键词和中心句的能力。所谓关键词,是指人物、时间、地点、数字等信息;中心句则需要听者根据听力内容进行把握。有人做过调查,相当比重的听力材料的第一句都是中心句。当然,中心句也可能在材料的中间和尾部,需要听者监听、筛选并判断。中心句很大程度上会体现出听力材料的主题、观点、情节等关键信息,因此,中心句的确定对有效理解语段非常重要。

预测不是胡乱猜测,而是在一定基础上进行的有根据的推断,包括听前预测和听中预测。听前预测是根据听力练习的问题,大致确定材料的类型、人物、地点、时间等细节。听前预测还可以暗示学生已经对听力内容有所掌握,并准备好答题,这样就可以无形中减轻学生的心理压力,缓解其紧张和焦虑的情绪。

听中预测则是在听力活动中进行的预测。在听的过程中,我们应当捕捉关键词、关键句,不拘泥于个别不理解的字或词;抓住语义和段落义,不拘泥于材料本身的表面形式。此外,听者还可以通过判断语气进行预测。

(四)快速反应能力

在真实自然的言语交际中,言语信号是快速连续呈现的,也是转瞬即逝的。因此,听话人必须通过提高听觉器官的灵敏度,特别是提高解码操作的熟练程度来获得快速解码的能力,即快速反应能力。我们在教学中经常会考虑到汉语学习者的水平,尽量放慢语速以适应他们的反应能力,这一点在零起点阶段是必要的,但是,如果学生们习惯于这种语速,就会与社会生活用语的语速脱节,造成在学校里能听懂,出了学校就听不懂的结果。特别是在学生的汉语水平具备一定的基础后,教师就应该有意识地提高教学语言的语速,直到跟正常语速相同。汉语教师也应该尽量减少人为成分,减少过多的语言过滤,让学生多听取各种社会阶层、各种职业人群的正常自然的话语，通过反复刺激、反复储存、反复重现、反复提取和反复使用，加快刺激反应的速度，形成条件反射，从而提高学生的快速反应能力。总的来说，在听力文本的输出速度上，我们主张根据学生的不同程度，分阶段地、有意识地加快语速，既要考虑到学生的反应水平，也要略加难度，这样的强化训练有助于学生快速反应能力的提高。

（五）边听边记能力

记忆活动包括三个阶段：感知记忆—短时记忆—长时记忆。听力课既要训练感知记忆和短时记忆，还要通过反复再现训练长时记忆。感知记忆和短时记忆对大脑处理连续音流中的各个片段并使之联系成可理解的意思至关重要；借助于长时记忆，储存在大脑中的经验成分才会增多。记忆的信息越多，就越能加快理解的速度，增加理解的深度和广度。针对一篇听力材料来说，学生在聆听过程中听懂了，这只是进入感知记忆阶段，如果不能及时将其转入短时记忆和长时记忆，那么听懂的信息很快就会被遗忘。因此，汉语教师要让学生在聆听过程中，将听到的语言信息，特别是关键信息记录下来，把转瞬即逝的声音符号转化为文字符号，以供随时查阅，这就要训练边听边记的能力，也叫作同步听记能力。

训练同步听记能力，是要培养学生将重要信息，如材料中出现的有关时间、地点、人物、性能、数量等内容及时用学习者最熟悉的语言或符号（不必拘泥于目的语符号）摘录下来。这样做能使感觉记忆及短时记忆的信息不被迅速遗忘，有助于学习者对听力材料的整体理解和细节记忆，并可帮助其把必要的内容转入长期记忆，作为经验成分储存在大脑之中。同步听记不是听写，应以记重要信息点为主，而对于其他空白内容，学习者可利用自己的外语经验加以填补。

（六）检索监听能力

检索监听就是带着一定的目的去听。比如，在听天气预报时，人们往往特别注意表示地点和数量的信号，即关心某地的气温情况；在听体育比赛转播时，人们特别注意比分、犯规队员或进球队员的名字及号码等。因此，教师可在听前向学生提出一些问题，让他们带着问题去听。问题解决了，表明训练目的就已经达到。训练检索监听能力关键是教会学生排除消极因素的干扰，控制不必要的联想，集中注意力，养成良好的倾听习惯，善于捕捉关键词。从功能上看，检索监听则是根据标记去捕捉特定信号。听力教学的一个重要目的，就是训练学生感知语言材料的主旨，捕捉说话人谈话的主题，而不是单一的词语或句子训练，其重点一是语言材料的主要内容，二是内容的深层含义。

（七）概括总结能力

概括总结能力的培养，即训练学生感知语言材料的主旨，捕捉说话人的主要意思的能力。由于短时记忆的容量有限，学生只能记住语料的大概意思，而很难记住确切的语言形式。概括总结能力的提高同样不是一蹴而就的，必须经过长期不懈、循序渐进的训练。因此，教师从开始阶段就必须重视对句义理解的训练，先锻炼学生抓住整个单句意思的能力，然后再过渡到捕捉语段直至整个篇章中的关键句子和主题。在教学中，我们要求学生在听两遍至三遍后，借助背景知识、上下文语境、逻辑判断和言语习惯，将所听语段的主要事件和主要内容口头表述出来。

杨惠元在谈到听力训练中的概括总结能力时说道，有时候听完一篇短文让学生说说其中最主要的内容，结果大都说是一些细枝末节、只言片语，有的学生几乎能把文章的字句复述下来，可就是说不到点子上。因此，他主张概括总结能力的培养，即抓要点的训练。应该从一开始就强调，并且要贯彻听力教学的始终。所谓要点包括两个方面：一是语言材料的主要内容；二是主要内容所蕴含的深层意义，即中心意思或主题思想。抓要点的练习可以从单句训练开始，再过渡到成段的话语练习，最后训练学生概括总结全篇的主要内容和中心意思。

（八）听后模仿能力

从严格意义上说，杨惠元谈到的听后模仿技能并不属于听力的技能，而是听者通过复述听到的语音、词语、语句来增强这个语言单位在大脑中停留的时间，从而加强记忆，有助于听力水平的提高。因此，听后模仿是一种把感知记忆转变为短时记忆和长时记忆的能力。比如，听者对某一信号的内容把握得还不十分完整，想再次证实自己的理解或者关注与之有关的情节的进一步发展，他们在听的过程中往往就会有意地去捕捉某些特定的言语信号。当相同的信号在下文或在复听上文时再次出现，听者就可以从记忆中及时提取已存储的信号与之进行对比，以判别是否为自己所需的信号，一旦捕捉到自己所需的信号，就可对它进行再次理解的活动。例如，听者特别关注一个叫"张晓霞"的关键人物，当他把"张晓霞"这个信号储存在大脑中后，在继续听的活动中，他就会对"张晓霞"这一信号特别敏感，一旦出现就会及时捕捉住。同样，听者完全有可能在听到"属国家保护的一、二类动植物有灵猫、云豹、华南虎和香果树、铁杉等"时，没有听清或没有及时对具体的动植物信号做出反应，但是，如果他及时地将所听出的"国家保护的一、二类动植物"等信号（或其中的部分信号）及时存储，并进行听后模仿，那么当听下文或复听上文时，他就会特别注意这些信号。一旦这些信号出现，便会立即注意，从而特别注意这些信号后面即将出现的其他（上次被听者忽略的）信号。

第二节 口语教学

一、对外汉语口语教学的现状

（一）留学生个体差异大

在对外汉语教学中，学习者来自不同的国家和地区，学习者的知识水平、文化背景、经历、职业、性别、年龄、思想状况、学习动机、兴趣爱好等各方面都不相同，而这些因素都会对教学方法及教学效果产生直接的影响。

（二）分班不够细致

在对外汉语教学中，通常情况下，首先是根据学习者的汉语水平进行分班；其次，在教学条件允许的情况下，也应考虑到国别的因素进行分班。但目前很多学校很难做到这一点，而只能采取混合编班的形式。在这种情况下，汉语教师就无法完全考虑到学习者的文化差异、学习目的等因素，这在无形中会增加口语教学的难度。

（三）口语教学方法单一

口语教学方法单一主要表现在教学中过多地"强调以教师为中心"，学习者处于被动状态，不易激活学习者的主动性和积极性，缺少有针对性的、适应性的教学方法。

（四）交际意识不够强

很多口语课过多地进行知识传授，却没有侧重培养学习者运用知识的能力，只讲语言的形式和意义，不讲语言的用途。必须将交际性作为语言教学的主导原则，以语言的应用及交际能力为出发点开展教学，将语言能力与交际能力有机地结合起来是口语课的重要任务。语言是人们互相交流和理解的重要桥梁，是社会文化的产物。深入了解语言所蕴含的文化内涵，是将语言知识转化为交际能力不可缺少的条件。一个人对语言的掌握最终要表现在语言交际技能的运用上，所以在口语教学中应该强调从交际需要出发，通过交际过程掌握语言形式，把语言知识转化为语言技能，再把语言技能转化为语言交际能力。

（五）教学中过多地使用媒介语

特别是在初级阶段，教师常常过多地使用媒介语进行教学。虽然媒介语不可能实现完全不使用，教师可通过一定的对比和翻译来进行教学，但从教学效果出发，应把媒介语的使用降到最低限度。除了十分必要时恰当地使用某种媒介语以外，教师应尽可能地使用目的语,其语速和用词等要适合学习者的实际接受水平,从而帮助学习者直接、有效地接受目的语,这就是我们所说的"从目的语到目的语"的教学方式。

二、对外汉语口语教学研究

(一)综合技能的教学方法——情景法

在传统的口语课教学模式中,教师是课堂教学的主导,课文是课堂教学的内容,由教师扮演"施动者"角色、学生扮演"受动者"角色,整个过程就是将课本知识传授给学生,"受动者"常常处于静止的接收信息的状态,按照既定的提示与要求进行合乎规范的反馈。而理想的口语课模式应该是让教学双方处于一个平等而开放的循环系统中,"施动者"首先提供一条信息后,"受动者"改变其静止的接收状态,即在进行消化、思考、选择、创造等诸多环节之后,再用口头表达或者身体语言进行反馈,其状态是参与性的、互动性的,然后再进行有选择地接收及合理的联想和创造。"施动者"通过"受动者"的反馈,调整自己传播信息的强弱,甚至传播的趋向与内容。

口语课教师的任务不仅是传授口语知识,更重要的是训练学生的口语交际能力,最有效的教学方法就是创造生动、具体、真实的语言情景。情景教学适用于口语教学的多个环节,在语境中解释生词、练习句式、进行功能训练都可以取得较好的效果。目前的口语教材虽然形式上大多采用对话体,但仍然不能体现生活中对话的自由性、临时性等特点。

一篇完整的口语课文通常体现一个话语功能项目,教师不可能一次性地将整篇口语课文介绍给学生。教师必须对课文话题的情景进行再设计,也就是在一个母情景下再设计出便于成段演示的具体的子情景。以北京大学出版社《中级汉语口语》第三册第十六课为例,本课情景为"告别",可课文分为三个子情景:第一个子情景为"主人公马上要回国了",第二个子情景为"为什么现在要回国",第三个子情景为"回国前的心情和对中国的印象",再往下还可以有其他的子情景,如"准备一些体现中国特色的工艺品或礼品带回国""送别的时候"等。这种对情景的再设计,有益于难点分散,让学生循序渐进地、滚雪球似的掌握在一个大的语境中的口语表达技能。

设计好子情景之后,下一步就是开始具体的交际训练。在让学生进行实际训练之前,教师应首先进行每一个子情景的演示。演示的方法有几种:其一,教师可利用图片、实物、影像片段、PPT 等进行演示;其二,教师可自身作为交际的一方进行演示。教师可与班内交际能力较强、语音与语调较好的学生进行演示。这种演示方法就是为了明确地告诉学生,在这样的一个子情景下,交际双方应如何表达。在演示过程中,教师可将本子情景中出现的重点词语、句型及特别的口语表达形式等展示在黑板上或者 PPT 上,从而有助于学生运用新内容,避免学生就易避难。若遇到学生不明白的词语或口语表达方式,教师可加以说明,随后让学生做模仿练习。这种模仿练习比较常见的就是在课堂上将全体学生分为交际双方的角色或多个交际角色进行"合唱"型练。教师在每组练习结束后进行点评，发现问题及时纠正。也可以以接力的方式进行练习，也就是某一子情景让几个人以接力的方式来完成。无论采用哪种方法，教师都要控制好时间，保证教学的正常进行，尽可能调动全体学生开口表达的积极性。

情景法的最终目标是解决课文知识和真实生活内容的接口问题，最大限度地在课堂上再现生活口语。每篇课文中的功能专题，如"谈家庭""谈交通""谈天气"等，只能围绕几个、最多十来个基本句子展开。学生即使全部背下来，也仍无法满足基本的交际需要。学生所学口语可以进一步在扩展替换练习中得到强化，但如果这种练习没有结合他们的实际生活经验，没有激发他们的主观能动性，那么他们仍无法触类旁通。在句型教学中引入现实的交际场景，可以将模式化的语言材料还原到真实可感的生活中。除了课文教学以外，生词教学也可以多尝试运用情景法。

比如，在《汉语会话301句》第24课中，生词表集中出现了"糟糕""可惜""遗憾"这几个表达情感的词语，此时教师可以用创造情景的方式让学生练习用这几个词表达情感，如设置一些可以让学生即兴对答的环节。教师说："我的钥匙找不到了！"学生可能会回答："真糟糕！"教师说："我今天晚上要去参加一个重要的会议，不能跟你们一起去看电影了。"学生也可能用"真可惜""太遗憾了"之类的句子进行回答。这种应答不仅让学生学习了词语，还提示了运用的场合，为其进一步实际运用打下基础。情景式的会话练习要防止学生采取分角色朗读的形式，因为有的学生会尽量使用课文语句，这对提高其交际能力起不到有效的作用，反而会使他们产生一种心理依赖。这样，学生一旦脱离书本，离开自己"扮演"的朗读或者背诵的角色，就难以进行交际。教师要让学生做会话练习前，先熟悉掌握已学的句型，鼓励他们在练习过程中根据实际生活进行"改编"。如课本上很多话题都是学生生活中常用的对话，教师可让学生将其作为表达自己的具体愿望的基础材料即兴发挥，创造出和课文内容相关又不相同的会话练习。其实，学生很愿意在了解一般用语并做了一些句型练习以后，用自己的生活实景完成对话练习。

（二）口语课堂教学设计

1. 教材分析

教学材料：康玉华、来思平《汉语301句》第28课。

《汉语301句》是为初学汉语的外国人编写的速成教材。该教材一共40课，另有复习课8课。40课内容包括"问候""相识""天气"等交际功能项30个左右，生词800个左右，以及汉语基本语法。每课分句子、会话、替换与扩展、生词、语法、练习六个部分。该教材注重培养初学者运用汉语进行交际的能力，采用交际功能与语法结构相结合的方法来编写，将现代汉语中最常用、最基本的部分通过生活中常见的语境展开，使学习者能较快地掌握基本会话301句，并在此基础上通过替换与扩展练习，达到能与中国人进行简单交际的目的，为进一步学习打下良好的基础。

2. 教材处理

（1）本教材注重交际功能，特别是常用的、基本的情景交际，但是情景较偏重校园生活，场景有些单一。对此，教师在教学时应适当丰富交际场景，特别是当下的、具有时代性的话题场景。

（2）生词释义的环节要注意时间安排，重点突出，不宜平均用力。

（3）听说结合，在课堂上加强对听说能力的培养，此外，在练习环节要加强分角色的对话训练。

3. 教案示例

（1）教学对象

零起点的海外汉语学习者。

（2）教学内容

本课的生词、句式和"比较"的功能项。

（3）教学目标

①让学生能够准确掌握生词的意义和用法。

②让学生能够准确掌握比较句的基本句式用法。

③让学生能够准确掌握课文中出现的几种特殊结构或短语的用法。

④让学生能够熟练运用所学词语、短语和句式进行会话。

4. 教学重点

（1）学习生词，掌握其意义和用法。

（2）学习并掌握比较句的几种相关句型的用法。

（3）学习并掌握数量补语的用法。

（4）学习用相邻的两个数字表示概数。

5. 教学过程（120分钟，三课时）

（1）复习上一课所学的内容，导入新课。（5分钟）

教师带领学生进行复习并对话："我们上一课学的是'你不要抽烟了'，为什么不要抽烟了？因为抽烟对身体不好。小王经常抽烟，所以经常咳嗽，身体不太好；老师从来不抽烟，所以身体比较好。那么，老师的身体和小王的身体（辅助比较的体态）……"预习过新课的学生会说出含有"比"的句子。导入新课完成。

（2）学习生词。（20分钟）

生词共22个，PPT展示。请三名学生轮流朗读生词。朗读完毕，再请三名学生轮流读。教师纠正学生的语音、语调。

教师带领学生齐读生词，按生词表顺序读，再打乱顺序读，注意难点音"雨""预报"

及"有时候""暖和""凉快"(轻声)。齐读完毕,请个别学生认读。

重点生词:

介词(动词):比

生词部分不用过多展开,放到句型讲练中。

形容词:高、胖、瘦、旧、暖和、凉快

使用语境教学法讲授,让学生造句,注意反义词的扩展教学。

一组和天气有关的词语:

气温(用搭配用法和"天气"进行区分);冬天、夏天、秋天、春天;下(雨、雪)、刮(风)(注意这两个动词在天气类词语中的搭配项,不要过多扩展用法,如"下棋""下命令"等);摄氏度(讲解其量词用法,和数词的搭配,扩展相关词语"零下")。

(3)句子教学。(30分钟)

①本课一共8个基本句。教师在教学中再补充一个基本句。

②语法讲解重点。

用"比"表示比较。介词"比"可以比较两个事物的性质、特点等,基本句型是A+比B+AP(形容词或形容词短语)。

基本句倒句:

"他比我忙。"

"他二十九岁,我十九岁,他比我大。"

"今天比昨天暖和。"

动词成分比较的例句:

"他唱歌唱得比我好。"

"他跑得比我快。"

基本句扩展,用程度补语,说明差别的程度。例句:

"他比我大一点儿(一些)。"

"他们班比我们班的人多得多。"

"他跳舞跳得比我好得多。"

"这儿比东京冷多了。"

"明天比今天还冷呢。"

注意:如果要表示差别程度不大,可以用"一点儿""一些";用"比"的句子里不能再用程度副词——"非常""很""特别"等,告诉学生在比较句中表示程度比较高的方法。

表示比较结果相同,例句:

"那儿的天气跟这儿一样吗?"("跟"可以换成"和")

介绍差量的比较,引入数量补语在比较句中的使用,用"比"表示比较的形容词谓语中,如果要表示两事物的具体差别,就在谓语后边加上数量词作补语。例句:

"东京的气温比这儿高五六摄氏度。"

"他比我大两岁。"

"他家比我家多两口人。"

"他比我高2厘米。"

"你家的房间比我家多一间。"

用相邻的两个数表示概数。把两个相邻的数字连在一起，可以表示概数。

例句："北京的夏天不太热，大概三十二三摄氏度。"

练习：二十二三摄氏度；二三百人；五六个房间。

基本句教学重点在句型操练，不要上成语法课，要强调学生的语音、语调。学生一句一句地跟读，然后全班齐读或者学生轮流读。在学生读完以后，教师要对学生的发音进行纠正。

（4）会话教学。（30分钟）

请四位同学分两组分别朗读会话，在学生朗读完后，教师纠正学生的语音、语调的错误，然后领读、齐读。接着教师针对会话进行提问："今天天气怎么样？""今天的天气和昨天比怎么样？""东京冬天的天气怎么样？""天气预报说什么了？"然后教师针对会话进行提问："北京的夏天气温大概多少摄氏度？""玛丽国家的天气和北京比怎么样？""玛丽喜欢冬天吗？为什么？"

请学生熟悉课文，然后进行 Pair Work，选择几名学生进行课文复述。

实际技能训练：

设定实际场景，让学生练习比较句，选择几组（根据学生人数）扮演不同角色。

（5）替换与扩展教学。（10分钟）

①替换部分先让学生准备，然后请学生进行替换表达，教师纠错。

②拓展部分最后还有两个例句，请学生先朗读再进行替换和扩展。

欢迎你们（什么时候）来（哪儿），因为那时候……

（什么地方）的（什么季节）常常……不常……

（6）练习。（20分钟）

①读词语并造句。

②用"比"字句回答问题。

③听说练习。

④语音练习。

（7）课堂小结及布置作业。（5分钟）

总结本课的重点内容，让学生课后完成练习部分的2、3两项。

6. 教学反思

比较句是汉语中一个重要的句型。本课根据学生的学习阶段，进行差比和同比两种下位句型的介绍，把学生常用到的数量补语放到比较句中进行教学。约数的表达也是本课的一个重点，教师要注意汉语中个、十、百、千、万等不同位数的不同约数的表达方式，防止学生泛化使用。

第三节　阅读教学

《高等学校外国留学生汉语教学大纲（长期进修）》（2002）和《高等学校外国留学生汉语言专业教学大纲》规定，汉语阅读课是阅读技能训练课。关于阅读技能训练的内容，周小兵、陈昌来等人均有总结，主要有猜词技能、理解长句和难句技能、寻找主要观点和主要细节技能、预测技能、快速阅读技能等。

一、猜词技能

猜词是较为有效的一种阅读策略。阅读者在阅读中遇到生词时，可能跳过去，也可能通过各种方式进行查询，但更多的时候，是使用自己已经掌握的文字学、词汇学、语法结构等语言知识及其他背景知识，通过生词的构成和上下文来猜测词义。

阅读研究成果指出，有的猜词策略是学习者天生就会的，如利用已有的背景知识等，但有的策略却需要通过一定的训练才能形成。外语阅读面对的是不同的文字书写系统，特别是由于汉语文字系统的特殊性，对于将汉语作为第二语言的学习者来说，猜词技能的训练尤为重要。汉语阅读中常见的猜词技能训练如下：

（一）利用汉字造字法猜测字、词的意义

汉语中的一个音节在书面上往往就是一个汉字。汉字虽多，但组成汉字的部件是有限的。教师利用汉字本身的造字特点，可以训练学生猜测汉字的能力。在现代汉字中，形声字占了绝大多数。形声字一般形旁在左，声旁在右，形旁表示字的意义，声旁表示字的读音。教师把形声字的造字法介绍给学生，让学生可以利用形声字的表意性质在上下文中去猜测字、词的意义大致与什么有关。

在教学中，教师首先要让学生对汉字常见声旁、形旁及其表示的意义形成较完整的认识。这个部分可以分两次完成：先进行声旁训练，让学生通过声旁认读不认识的汉字；再进行形旁的教学，主要介绍不同形旁代表的意义，训练学习者利用形旁猜测词义的能力。教师简单介绍后，就可以给出一些典型的形声字，鼓励学生大胆认读、猜测。这部分需要

注意的是意义接近的偏旁,如两点水和三点水,言字旁和口字旁,学生容易混淆,所以在教学中要详细讲解。

(二)利用合成构词法猜测词的意义

综合课教学部分已提及,现代汉语的词分两类:单纯词和合成词。合成词在现代汉语词汇中占比较大,由两个不同的单音节语素构成的双音节合成词是现代汉语的主要形式,占了汉语词汇的 80% 以上。双音节合成词的构词方式规律性很强,主要有联合式、偏正式、述宾式、补充式和主谓式。了解了这些构词方式,学习者就可以根据合成词中一个语素的意思来推测整个词的意思,以排除阅读时的部分障碍。同时,由于汉语合成词的组合原则与汉语词组的组合原则基本一致,了解合成词的构词原则对留学生学习词汇和提高汉语的理解能力都有很大的帮助。

在教学中,教师首先可以通过扩展语素和归纳语素的练习,让学生对语素和合成词有个初步的概念。比如,"球"可以扩展出"足球""篮球""羽毛球"等;"歌星""影星""球星""明星"可以归纳出"星"的含义等。在学生掌握了一定的词汇量以后,教师就可以鼓励学生利用已掌握的语素意义大胆进行猜测,引导学生在看到一个不认识的合成词时,先把词拆成语素并辨析其结构,然后根据语素意义和词的构成来猜测整个词的大概意思。针对学生的学习情况,等学生能够熟练运用语素和构词法猜词后,教师还可以将猜词训练扩展到成语和词组教学中。

(三)利用上下文同义词、近义词、反义词互释来推测词语的意思

目标词的前后常常有意义相同、相近或相反的词出现,而这些词语其实已经解释了目标词的含义,与目标词互相解释、互为说明。学者如果知道了这些词语的意思,就可以大致猜到目标词的含义。如:

"这种饭馆便宜、实惠,是留学生最喜欢去的地方。"(便宜→实惠)

"东方人说话常常比较委婉,但西方人比较直接。"(直接→委婉)

在训练过程中,教师要提醒学生学会抓住同义、反义的标志词,厘清句子逻辑上的关系。

(四)通过上下文线索猜词

上下文线索主要有两种:一是句法关系线索,二是语义关系线索。句法关系线索如:

"她穿着_____。"谓语动词"穿"后只能是鞋、衣服,不可能是其他物品。

"_____飞了。"谓语动词"飞"前的主语只能是鸟类或飞机等飞行物。

"他在博物馆上书法课。"学生如果不认识"博物馆",通过介词"在",大致可以推测出"博物馆"是一个地方。

人们在使用语言时,前后的句子不是孤立的,而是在意义上存在着某种联系。如难度

高的词语前后总会有一些简单的句子来解释这个难词的意思，这样的解释可以降低理解难度，也可以通过语义重复来达到强调的作用。通过前后句子的意思，学习者就可以推测出生词的大意。如：

"我感到很迷惑，不明白他为什么要这么做。"目标词后面的句子直接解释了目标词的意思。

"好久没有吃辣的了，今天吃了顿四川火锅，真过瘾。"通过前面句子的描述，读者大概能理解目标词的意思。

"他的英语真差劲，中国人听不懂，外国人也听不懂。"通过后面句子的叙述，读者能大致推测出目标词的意思。

人们在使用语言时，也常常会用一些意义上对立的句子。通过这种对立关系，读者只要看懂了其中一个句子的意思，就有可能猜测另一个句子的意思。如：

"他是一个很慷慨的人，不像他爸爸那么小气。"

学习者通过语义关系线索猜测词语时，要关注标志词。比如，表示同义关系的标志词有"就像……一样""也就是说……""……就是……"等；表示对立、相反语义关系的标志词有"但是""其实""实际上"等。

利用上下文猜词，已经不限于句子之内，要从段落甚至篇章的角度来考虑，而且往往会出现句法关系线索和语义关系线索同时呈现的情况，学生掌握起来比较难。在这种情况下，教师应该遵循先易后难的原则，从简单的、有标志词的句子开始训练，并要求学生在阅读时把标志词画出来，以提醒其注意。

二、理解长句和难句技能

二语学习者在看到一个带有不少生词的长句时，往往会觉得头疼，认为必须把每一个生词都查字典弄明白后，才能继续读下去。但是，母语阅读的经验告诉我们，文章中其实有不少冗余信息，读者并不需要读懂每一个字的意思就能理解文章讲什么。因此，在句子很长、修饰成分很多，且修饰成分中有很多不熟悉的词语的情况下，教师要训练学生压缩句子成分，抓住句子的主干，从而化繁为简，使句子的脉络和关系更加清晰，有助于学生理解句子的主要意思，并提高阅读速度。如：

"苏州的秋天空气清新，阳光灿烂，温度适宜，食物丰富，风景秀丽，是一年中最好的季节。"

"在北京，他游览了故宫、长城、十三陵、天坛、颐和园、圆明园等名胜古迹。"

"李时珍不喜欢当官，喜爱医学。他向父亲表示要行医的不可动摇的决心，说：'身如逆流船，心比铁石坚。望父全儿志，至死不怕难。'父亲只好同意。"

第一句话中用很多并列的近义词组来描述苏州的秋天之美，略去不影响整个句子的意思；第二句的举例部分叙述细节，如果提问没有涉及，阅读时完全可以跳过；第三句引用古诗词来说明李时珍不可动摇的决心，只是为了增加文章的文学色彩，懂不懂都不影响对整个句子的理解，这些都是在阅读时可以略去的部分。

在教学中教师要告诉学生，当看到一连串的近义词时，找一个最简单、自己把握最大的来看，其他的即可跳过；当看到列举性的或举例性的句子，特别是句子里有"比如""例如"等字眼时，后面的例子都可不看；当看到"俗话说"等表示引用的词语或者引用他人言语的引号（"……"）时，就可以跳过引用的词语或句子。

还有一些有复杂成分的句子。例如：

"售货员是一个圆圆脸儿、大眼睛、长头发、声音甜美、热情待客的年轻姑娘。"

"在世界各国人民的热心帮助下，在全国各地的大力支持下，遭受百年不遇强烈地震的四川汶川灾区人民顽强地度过了灾后最艰难的日子。"

由于这两个句子中有复杂的定语或状语，教师可通过提问的方式让学生找出主语、谓语、宾语，然后告诉学生，阅读时那些复杂的修饰成分都可以跳过。

三、寻找主要观点和主要细节技能

（一）寻找主要观点

人们阅读文章的最终目的是了解作者的思想和观点。在二语学习中，常常通过考查抓主要观点来考查学习者的阅读水平。HSK阅读考试中，常用三种题目来考查学习者对文章主旨的归纳：(1)主题问题。这篇文章的主题是什么？主要内容是什么？（2）标题问题。请给这篇文章拟一个合适的标题。(3)意图问题。作者为什么写这篇文章？作者写这篇文章的意图是什么？

在阅读中，学习者可以通过寻找主题词和主题句的方法来确定文章的主要观点。主题词就是作者关注的重点，一般会在文章中或练习中多次出现；如果文章有标题，则标题一般就是文章的主题，其中包含主题词。主题句简明扼要地表达了作者的主要观点或文章的主要内容，一般出现在文章开头或结尾部分，或者首尾呼应。议论文和说明文的主题句往往比较明显，而在叙述性的作品中，主题句有时蕴含于文章中，需要读者去总结归纳。

寻找文段的主要观点是篇章理解的重要内容，不仅要读懂字、词、句，还要求更高层次的理解，因此难度比较大。在教学中，教师首先可以从标志明显的文章开始训练，如在表示举例的"比如""例如"等之前表示总括的句子常是主题句，在表示归纳总结的词语"总而言之""总之""所以""因此"等之后的句子也常是主题句；然后，再做主题句在文章中间的练习；最后，引导学生利用主题词自己归纳主题句。

（二）寻找主要细节

文章中用来证明主要观点的一切事物都可以看作细节。有的细节是句子，有的细节则是词语或词组。我们说的主要细节，指的是回答问题需要的细节。在阅读测试中，除了关于主题的题目外，最常见的就是针对文中细节的题目。每篇文章中都会出现不同的细节，任何事物都可以作为细节出现在一篇文章中，细节在文章中纷繁多样。快速找到需要的细节，是阅读必备的技能。

寻找细节训练可以这样进行：首先找到主题句或主要观点，那么与主题相对的部分就是细节部分；然后分析细节支持主要观点的模式，如空间关系是如何描述的，事件过程按什么顺序，说明用的是举例、分类还是比较，细节和主题之间是因果关系还是分析和定义关系等。这一部分可以结合关联词语来分析。一篇文章往往有很多细节，在寻找细节的过程中，教师要让学生养成对重要细节做标记的习惯。这样有助于学生记忆，可以让学生在回答问题时迅速找到细节。

四、预测技能

预测也叫预期推理。在阅读中，阅读者常常根据自己掌握的知识，通过上文对下文将要出现的内容进行推理。在阅读中，预测可以帮助读者保持理解的连贯性，降低阅读难度。我们在二语阅读中都有这样的经验，即当下文与预测一致时，即使有生僻的词语，也不会影响我们对文章的理解；而如果阅读同预测相矛盾，则阅读花费的时间会更长。同时，因为预测是读者主动性的体现，所以预测也可以给阅读带来乐趣。阅读中的预期推理有两种类型，即基于句法语义的预期推理和基于世界知识的预期推理。

基于句法语义的预测，如："一般是我的妻子为全家人买牙膏，可是现在，我＿＿＿＿＿。"读到"可是现在"，就可以推测后面大概是"我"要去买牙膏了。这主要是根据表示转折的关联词语可以预测后一分句的内容跟前面相对。在阅读中，通过关联词语，读者可以对句子的逻辑走向进行预测。

当句子之间没有关联词连接时，句子往往是靠语义上的意合组合起来的，这时的预测建立在对语义内容的理解上，如果能把握内容上的关联，就可以进行预测。如："一位大学教授告诉我，他每次遇到压力和困难时，就放开一切去看场电影，'我选择一部特别伤感的片子，大哭一场'。一位有三个孩子的年轻母亲，也用同样的办法＿＿＿＿＿。"对于上面的这段话，通过"也用同样的办法"，读者便可以推测到那位年轻的母亲要做什么。这是一种语义上的重复。

一些副词常表示某一类语义，因此，通过副词读者也可以预测到这一特定的语义。例如，"本来"句后面的句子常常表示情况发生了变化，"其实"句表示情况跟之前认为的不一样，等等。如："我本来是想去超市的，＿＿＿＿＿。"

汉语中的并列句、排比句、对偶句等，形式固定。只要了解了这些句子的结构特点，读者就可以对后面的内容进行预测。如："红茶以安徽省的都红最有名；绿茶以浙江省的龙井_____；乌龙茶以福建的铁观音_____。"这是一个排比句，句子格式应该相同，所以读者据此推测出空格里应填"最有名"。

基于世界知识的预测，即在阅读的过程中，人们会根据自己的个人经历和关于世界的百科知识来进行预测。如果一个人去过黄山，当他阅读到关于黄山的文章时就会比较容易；如果一个人具备关于植物的知识，那么当他读到相关的文章时，预测起来就会很容易。当然，如果是二语阅读，二语学习者对二语文化背景知识掌握得越多，预测起来也就越容易。

但也有很多因素会影响预测的产生。研究表明，语篇长度、语篇因果关系强度、读者的二语语言能力强弱、读者的二语背景知识多少等，都是影响预测的因素。比如，语篇的因果制约因素主要取决于提供的信息充足与否，当信息充足时，读者就会做出明确的预测。例如，当读到"那位女演员从14楼的窗户跌了下来"时，读者会预测到明确的结果——那位女演员死了。当信息中等充足时，读者会做出笼统的预测。例如当读到"那位女演员从窗户上掉下来"时，读者只能笼统地推测"那位女演员受伤了"，至于具体伤到哪种程度，读者则无法明确。心理研究认为，读者预测到某些事件或状态，都会有助于理解故事内容。

在教学中，教师应引导学生根据上下文的意思、关联词语和副词等来进行预测，除此之外，还可以设计一些课堂预测的活动来锻炼学生的预测能力。当然，在进行这些活动时，教师要提醒学生按照二语思维表达习惯和二语文化习俗来进行。比如，教师可以在课堂上进行故事接龙练习，由一人开头后，其他学生接着往下讲。在学生讲完后，教师点评，指出哪些情节是不符合二语逻辑思维表达习惯的，哪些地方不符合二语文化习俗等。教师还可以给学生一些标题，让学生预测文章可能会讲什么内容。将这样的练习穿插在阅读理解的过程中，既能提高学生的预测能力，又可以活跃课堂气氛。

五、快速阅读技能

所谓快速阅读，是指在不降低理解率的前提下，以尽可能快的速度所进行的阅读活动。在二语阅读教学中，快速阅读是一项重要的内容。以汉语为例，普通中国读者的平均阅读速度为每分钟300～500字，而在HSK的阅读要求中，初、中级一般为每分钟120～150字，高级为每分钟200～250字。由此可见，学生阅读速度的提高，仍有很大的余地。

对于阅读速度的提高方式，陈贤纯提出了四点建议：缩短眼停时间、减少或杜绝眼睛的回跳、眼睛只作选择性停留、扩大视幅。

前面三点其实就是要改变不良的眼动习惯。第一，缩短眼停时间。如果看一行文字眼停两次，每次半秒钟，那么需要一秒钟。阅读时，明确阅读目的，提高阅读熟练度，进行限时阅读，可以缩短眼停时间。第二，减少回视。初级阅读的学生常常会回过头去重读前面的部分，有时仅仅是为了某个字或词的理解。回视不但影响阅读速度，而且对内容的理解也易产生负面的影响。所以，在快速阅读训练中，宁可让学生看完所有内容再回视，也不要让学生养成在阅读中反复回视的习惯。第三，减少注视点。注视点越多，阅读速度越慢。一般来说，文章中总有不少信息是冗余信息，对于这些信息，阅读时可以有选择地跳读，只阅读跟目的相关的部分，这样就可以减少注视点。例如，在阅读长句时，注视点只落在主干上，就可以有效地减少注视点。

扩大视幅。视幅即视觉宽度，指眼球不移动时，识别汉字的视觉宽度。一般来说，识别汉字的数量多少与视幅宽窄成正比。识别汉字越多，视幅就越宽；识别汉字的数量越少，视幅就越窄。扩大视幅，就是争取在每次注视时多识别一些字词，从而提高阅读速度。初学汉语的人，由于对汉字的字形、读音、词语、句法结构等不熟悉，视幅往往很窄，眼球不动时，通常只能识别一两个汉字。这时候的阅读速度很慢，完成一个句子的阅读要花费很长时间。随着汉语水平的逐步提高，学习者掌握了一定量的汉字、词语，熟悉了汉语句子的结构，对汉语形成了一定的语感后，其视幅会慢慢扩大。

扩大视幅不仅可以提高阅读速度，还可以提高阅读质量、降低疲劳感。语言是借助于词语和句子来传情达意的，一个一个字、词地阅读，往往不利于整体意义的理解。有的句子很长，一个字一个字地阅读，读到后面，可能早已忘记了前面在讲什么，非常影响阅读理解。而如果掌握了扩大视幅的阅读方法，减少眼动次数，一个意群一个意群地阅读和理解，很容易明白这个句子的意思，就不会发生理解的偏差，也不容易疲劳。例如："过去的互联网，发展程度远远超过我们的想象；今天的互联网，正在改变我们的工作和生活；未来的互联网，也许更难猜想。"

意群是从语义角度来看的，因此意群的分割可大可小。我们可以按词、词组意群来分割，也可以按小句意群来分割，主要视学习者语言水平的高低而定。将这个句子划分为六个意群，读者的眼球只需要移动六次，对整个句子的结构和语义就能很好地把握。

汉语跟拼音文字相比，一个显著的特点就是词与词之间没有明显的间隔。这就给初学汉语者带来了分词的问题，也给他们扩大阅读视幅带来了一定的困难。在初级阅读教学中，教师要对学生进行多音节词的认读训练，也就是说，要训练学生在眼球不动的情况下，认知的是双音节词或多音节词，而不是单字。

汉语相较于其他很多语言的另一个特点是形态变化标志不明显。汉语倾向于语义表达，是"意合"的语言。在阅读训练中，教师可以划好意群让学生阅读，也可以让学生给句子划意群。这样的练习，可以让学生养成以意群为单位的眼动习惯。

快速阅读一种最行之有效的训练方法就是限时阅读。但每篇文章的阅读时间究竟多长，教师要根据学生的阅读水平、材料难度来定。刚刚接触教学没有经验的教师，可以通过分析文章中的词汇量、词汇等级、语法等级，比照大纲对学生汉语水平的要求来确定阅读时间。

此外，快速阅读的训练中还要注意纠正错误的阅读习惯，朗读、唇读、指读都是错误的阅读习惯。有些读者习惯于对文字符号进行"形—音—义"的加工，也就是要把每一个字都用声音读出来，或者不出声地唇读，或者要用手或笔指着阅读，才知道作者在讲什么。这样的阅读，不但速度慢，对理解也没有太大的帮助。在训练中，教师要让学生尽量抑制发音，只用眼睛和大脑活动，把视觉器官感知到的文字符号直接反映到大脑，把"形—音—义"的加工过程缩短为"形—义"的过程。刚接触二语阅读的学生尤其容易养成朗读、唇读、指读的错误习惯，所以教师在教学过程中一定要不断提醒学生这是一个坏习惯，从而让学生克服。

第四节　写作教学

一、第二语言写作教学的任务

对外汉语写作教学起步较晚，受母语教学的影响较大。20世纪80年代初，对于写作课教什么大家都还处于摸索中。杨建昌在谈到留学生汉语专业写作课教学时，虽关注教学对象的特点，但侧重对修辞手段、写作技巧的指导，还没有脱离母语写作教学的影响。祝秉耀开始明确地从第二语言写作教学的角度立论，强调应针对教学对象的特点，注重词汇、语法、句子和段落衔接等。李清华在关注教学对象特点的同时，注重语言表达训练，提出了有控制地写作与自由写作两大训练方式。

总的来说，汉语作为第二语言写作教学的研究寥寥可数。借鉴英语作为第二语言的写作教学研究，结合汉语实际情况，从第二语言写作教学的特点及其在第二语言教学中的位置来分析，我们认为，汉语作为第二语言的写作教学应该关注以下几个方面：

（一）提高语篇的写作能力

第一语言写作教学会涉及写作能力的各个方面，如收集材料、审题立意、拓展思路、构思布局、运用适当表现技巧（如铺垫、映衬等），以及比喻、夸张、排比等修辞手法的运用等；第二语言写作教学则不同，它的教学对象主要是已经掌握了第一语言写作技能的成人，教学的首要任务是提高学生的语言水平，具体来说，就是要让学生的书面表达水平与他们成人的思维水平及母语达到的书面表达能力协调，训练学生用目的语自如地表达思想。因此，第二语言写作教学的目标应是培养学生的语篇表达能力，也就是说要把语言运用能力定位在语篇层次，要对学生的语言运用能力进行全方位的训练；写作课的教学重点不能放在技巧方面，而只能放在基础方面，着重进行基本词汇、基础语法的训练，同时要注意解决句子如何有机地连接、段落如何紧密地衔接、语气如何贯通等与此密切相关的问题。这样的写作课，应该是一种字、词和语法综合运用的语言实践课。

（二）提高用目的语思维的能力

关于语言与思维的关系，"萨丕尔—沃尔夫假说"如此申述：语言影响思维和思维方式；不同语言认识世界的图像和方式不同。在二语习得及应用的过程中，外语与其所依附的外语思维在与母语及其所依附的母语思维的竞争中处于弱势地位是必然的，大脑中已形成的概念和处于强势的思维习惯与所要接受或表达的语言形式之间并非处于自动转换状态，其中总存在或多或少的矛盾。在这种情况下，只有把目的语的形式与自己的母语思维系统紧密地联系起来，才能较好地理解并掌握目的语。

写作既涉及语言能力，也与表达能力、思维水平等有着密切关系。前面已论及第一语言写作水平是第二语言写作的基础之一，对第二语言写作有着积极的影响。在第二语言写作过程中，第一语言的表达能力、原有的知识与经验会融入新的语言载体中。但根据"萨丕尔—沃尔夫假说"，这种影响并非处于自动转换状态。二语写作教学的一个任务，就是要促进这种转换的发生，引导学生关注目的语的思维表达方式，以更好地促进语言运用得准确、得体。

（三）充实目的语文化知识

二语学习的目的主要是用于交际。写作跟"听、说、读"等技能比较起来，似乎交际的作用不是很强，但无论是写便条、启事、书信或是写文章、合同、讲话稿等，都属于不同范围、不同形式的交流，都需要对目的语的社会文化背景有所了解，否则会影响表达的有效性和得体性。有的学生学习汉语多年，其词汇量和语法知识都掌握得比较充足，但却不会写规范的请假条，不知道写信如何使用称呼。在二语写作教学中，教师应引导学生了解文化背景，在思维表达习惯上与目的语文化相接轨，主要的内容有：一是了解一些汉语常用文体的写作格式和语言风格；二是对一些语言运用中所包含的文化因素要有所认识，注意一些语言形式的社会文化含义，避免出现不得体的情况；三是对一些常用题材要通过社会实践、语料阅读等方式加以熟悉。

二、第二语言写作教学的主要过程

（一）写前教学

写前教学主要包括：语言知识准备、范文导读、体裁分析、文章构思（如自由写、记日记、列大纲等）、写作策略学习等。语言运用是写作的核心问题，在写前教学环节，教师应该帮助学生获得完成语篇表达的材料和手段。学生需具备选择词汇、运用语法等基本的语言能力，也要能够把这些能力运用到语篇表达中，完成形式上从单句到语段表达的过渡，从语言知识到实际运用的过渡。教师还要进一步指导学生把握语用规律，在语篇表达中准确得体地运用。要实现这些目标，需要教师在课堂上引导学生建立起新旧知识与句子、语段、语篇表达的联系，并通过一定的操练来加强这种联系。例如：写议论文时需要运用比较、对比的句型，这时，教师就可以在课堂上引导学生先把学过的比较句的句型回忆出来，然后给出一些话题，让学生围绕话题写比较句。接着，教师在课堂上交流讲评，指出错误，补充学生表达中没有涉及的句型。随后，教师换个话题再让学生写单句或语段。通过这样的反复训练，学生对比较句有比较全面的认知，再写作文就有丰富可靠的材料了。

此外，根据第二语言习得理论，第二语言习得与使用需要足够的语言输入，需要学习者加以关注。在写作教学中，写作前的范文导读往往可以引起学生极大的关注，因此，输入的效果会好于其他课程。教师选择写前导读范文，应该遵循以下原则：一是范文要能较集中地包含训练重点。例如，为了让学生使用某些关联词语，那么就应该在范文中有运用实例，语言上具有可仿效性，使文章难度最好低于同水平的阅读课文章。阅读课是一种输入训练，而写作课的阅读是为输出做准备的。如果范文语言难度对于该阶段的学生来说太高，即使它的语言运用和表达形式都很完美，也起不到引导的作用。二是写作课的重点是学习运用，不应该把大量时间放在对文章的沟通理解上。三是文章来源，对于水平不高的学生来说，最好是教师改写或创作的文章。因为教师可以把握学生的学习进程，量体裁衣地制作，在语言运用中起到更加直接的启发作用；同时，教师的同步作文也可以增加师生交流，使得学生愿意把教师当作可信任的读者。其次，学生的优秀习作也是范文的来源之一。学生习作由教师做些语言上的处理后作为范文，增强学生学习的兴趣和自信心。

（二）写作过程

写作过程主要由学生来完成。写作教学中的写作可分为单稿写作和多稿写作，二语习得中的输出理论和频次理论对多稿写作具有重要的启示意义。

首先，拥有语言知识并不等同于使用语言知识。第二语言习得需要有足够的语言输出，在输出的过程中才能了解自己的偏误、改正自己的偏误。写作作为一种很重要的输出训练，应该在输出这一环节增加训练量。因此，从语言的输出角度来看写作过程，多稿写作是必然的。虽然语言知识的准备和写作技巧的讲授也很重要，但要提高学生使用语言知识的能力，还是要靠多写，光说不练或多说少练都无法实现写作课的教学目标。只有经过反复多练，写作者才能不断提高写作的流畅度。二语习得理论指出，二语习得过程分自动化过程和控制过程，自动化过程来自反复操练。在写作中，如果作者在提取相关语言形式时毫不费力，提取过程流畅自动，也就表明作者的语言输出已达到了自动化。但通常来讲，只有当学生提取经常使用的语言形式时，才能达到自动化。如果学生头脑里积累了大量的常用语言形式，写作时的语言表达就能趋于流畅和自动，从而把更多的注意力放到组织结构和挖掘话题的意义上面。

从具体方法上讲，要做到让学生在一段时间内完成多稿写作，有兴趣了解其他同学对同话题的写作并不断修改文稿，关键是任务本身要能激发和维持学生的写作热情。在整个写作教学过程中，写作往往被认为是一个完全独立的过程，应该由学生单独来完成。由于对写作的惧怕，很多学生也把写作当成一个很重的学习负担。要让学生对自己的写作进行多次修改，且要在同学之间产生互动，教师必须在布置多稿写作任务时，不断激发学生的兴趣。比如，在写了一篇介绍家乡的文章后，要求变换目标读者，把文章修改为一篇对同学出去游玩有帮助的文章，让学生在这一过程中培养明确的读者意识；也可以让学生想象，某个旅游杂志对他文章介绍的某个方面感兴趣，编辑希望这部分内容能得到扩展，希望他根据要求扩展后投稿给杂志社；也可以缩减文稿。但对于大多数的学生来说，目前写作上主要的问题还是写得不够多，缩减文稿只能在高级阶段视情况而定，所以一般情况下，教师要鼓励学生多写。

（三）写后评阅

1. 习作批改原则

对习作中的语言问题是否要纠错、如何纠错，似乎一直是国内英语写作教学研究中存在争议的话题。在对外汉语写作教学中，由于大多数学生的层次还比较低，写作水平远没有达到主要关注作文的内容和结构的程度，因此，在对待语言偏误问题上，纠错是大家的共识。但如何纠错，有两种不同的观点：一是有错必纠；二是采取比较宽容的态度，只提出一些主要的错误，或当前学习阶段应特别重视的问题。有错必纠，立足于语言教学的规范性和准确性。有人认为，口语表达因为受表达条件的限制，中间打断容易影响表达，所以无法有错必纠。写作训练学生的语言输出更为理性，表达存在固定形式，对错误进行指正是必要的，而且教师也有时间对习作进行细致的批改。此外，学生得到教师的反馈时，如果他们错误的表达没有得到否定的评价，就会认为是可以运用的方式。这样，错误就会被理性地固定下来，因此，教师必须严格地批改。当然，这种纠错可以分步骤进行，分指出错误和指正错误、写出正确的表达方式两个层次来进行，即所有的错误都指出，选择重点问题进行更正。对学生习作中的错误采取比较宽容的态度是从学习心理角度来考虑的。如果有错必纠，学生看到满眼红色的作文批改，容易失去写作信心；而有重点地指正错误，可以让学生集中注意力面对最紧迫的问题。

2. 文字批改

文字批改是对词汇、句法、标点、格式等各个细节方面的书面反馈。改作文是很多教师都很怕的事情，尤其是怕改文字，因为有些句子不容易改，即使有些改了学生下次还会错，作业量大，负担重；对于学生来说，他们似乎总是希望自己的作文得到教师详细的批改，而对于教师的批改，又往往是看一眼就束之高阁，不会认真地去反思。

一方面，习作中突出的问题类型与学生的语言水平有关。语言基本功扎实的学生，其习作中的语言错误主要表现在词汇层面，如选词问题、搭配问题、词序问题。这些问题常常并不影响意义的表达。对文字的修改重点在于提醒正确搭配，特别是用词的准确和恰当。如果教师有能力帮助修改，不妨直接修改，因为学生自己不一定能改对。另一方面，一些需要重点解决的问题应该是与教师布置的习作任务的要求有关的。比如，若强调某篇习作必须使用某一种引用格式，则格式问题必然是批改的重点之一。批改包括对正确的使用给予认可，对错误予以纠正或画线指出。不论哪一种情况，有一点都是一致的：对学生语言运用中的优点，要充分认可、及时鼓励，而不是在作文之后用"用词准确、语言流畅"等给予泛泛的表扬。一些教师的技巧是，为了把学生的注意力吸引到富有表达力的词句上来，要求学生在自己的作文里标出首次使用的词语、精彩的句子等。教师在批改时重点评估，予以认可。

3. 课堂讲评

教师对习作进行讲评是传统的汉语母语写作教学的重要环节，而在对外汉语写作教学中，这种讲评的形式也运用得很充分。讲评与母语写作教学不同的是，侧重点在语言问题的分析上。有的学生认为写作课像偏误分析课，似乎总是在修改病句。分析、纠正学生表达中的偏误是写作教学的重要内容，但是讲评环节不能仅限于此。课堂讲评是对阶段教学单元学习任务完成情况的总结，关系到课堂作文指导能否发挥积极作用、学生的写作积极性能否持续、学生的写作水平能否不断提高。讲评内容是教师对学生学习情况的总结和指导。

4. 同伴互评

同伴互评在课内或课外都可进行，是写作教学常用的方法。让学生参与到纠正错误的过程中，是非常有效的教学手段。同伴反馈有利于学生从评价别人的作文中找到自己的问题。学生改自己的文章难，改同学的文章却往往能改得很好。同伴互评运用得当，将有利于提高学生的批判性思维能力，加强读者意识，让学生逐渐学会独立修改。

但同伴互评需要教师事先做好上岗培训工作。如果教师直接把习作分发给学生，要求他们互评，学生的确能发现一些问题，但多半改得不到位。培训就是要帮助学生树立目标感，让他们在互评的过程中有章法，思维清晰。

树立目标感有两种方法：一是教师提供反馈样板；二是教师提供互评框架。提供教师反馈样板是让学生有一个模拟的对象。教师以一篇学生习作为例，给予具体的书面反馈，可以事先做好批改，然后课上示范；也可以利用多媒体设备在课堂上当场评改，示范如何给予反馈。一般来讲，同伴互评需要对习作的内容、结构和文字等各方面给予反馈，因此，教师在这几个方面的反馈形式就成了学生的样板。比如，要求学生仿照教师，不仅在文中指出偏误，也能圈出精彩之处。对于提供互评框架，由于国外大学的写作网站上有很多互评框架，教师可以加以借鉴、修改后运用到对外汉语写作教学中。比如可以从词语搭配、语段衔接、内容完整等方面进行设计，让学生依据框架进行评改。

对于同伴互评的内容，教师要及时评价。技巧是在书面反馈的过程中，对互评者的正确观点，教师要给予支持，形成一种有效激励。学生看到自己的评价得到了关注、得到了反馈，特别是有了教师的正面评价，互评就有了动力，就能越做越好。

第五章 汉语作为第二语言的习得

第一节 美洲学生汉语习得

美洲依据自然地理状况分为北美洲、南美洲和中美洲三个部分，位于北美洲的美国是该地区综合实力最强的国家，也是孔子学院（课堂）设置和汉办志愿者任教最多的国家。以下以美国为例，结合已有研究探讨该地区的汉语国际教育现状。

自2004年美国第一家孔子学院落户马里兰大学以来，其数目不断增加，截至2019年6月，美国共建有95家孔子学院、12家孔子课堂。梁吉平、杨佳宇（2019）对美国15所孔子学院的汉语课程设置情况进行了考察，发现受访孔子学院多依据学习者汉语水平设立了初、中、高不同层级的课程；依据学习者实际情况，上课时间多数在下午或晚上；课程主要是语言课和文化课两类，也有依据学院特殊需求面对政府、企业或学校开展《商务汉语》《医学汉语》《旅游汉语》《戏曲汉语》等专门课程，还有许多学校开始采用现代远程教育这种比较灵活的教学手段。文化课程比较受同学们的欢迎，目前开设的文化类课程和文化讲座类课程的主要内容涉及传统服饰、书画、剪纸、一带一路、十二生肖、中国电影、中国的宗教信仰、当代中国、中国当代文学等，但主要是文化体验课，"部分孔子学院注重文化活动，缺少语言学习，缺少完整的学习体系，无法使学生从中文角度直接理解中国文化。"笔者认为汉语国际教育专业学生要与孔子学院汉语教师能力衔接，需要：①过硬的专业综合素质，其中包括全面扎实的语言学知识、扎实的教育学和心理学知识、适合学生的教学方法以及关于中国民风民俗、传统工艺以及文学作品等的丰富知识；②课堂教学实践能力；③熟练地运用外语，在初级汉语阶段尤为重要。

针对如何提升在美汉语教学效果，已有研究也提出了一些有意义的举措。比如程龙（2011）发现很多美国人决定学习汉语和中国文化是受到一些影视作品中的中国文化吸引。国内通常采用的讲解、图片展示为主的教学方式并不被美国人喜爱。电影等多媒体资源的引入可以活跃课堂气氛、创造真实的场景进行情境化的教学，同时利于同美国的生活方式和教学方式对接。但在选择影视资源时，不要局限在中国拍摄的汉语电影，还应考虑汉语学习者的汉语水平、年龄等选择在美国拍摄的英语电影或者中美合拍的一些影片，如《花木兰》《功夫熊猫》《尖峰时刻2》《刮痧》等电影都可以在课堂中使用，方便不同程度的学习者对中国文化的理解和学习汉语语言。另外，孔子学院在海外的汉语教学，面对的许多学习者是中小学生，需要以鼓励为主，奖罚分明，注意讲话的语气，更要"对美国的教育体制、组织结构、教学方式以及美国学生的学习特点和风格等都有一个全面的掌握"，发展和做好不同的教学管理和教学应对策略（刘晓惠，2015）。

相较于美国孔子学院的教学实践，美国许多本土高校在汉语高端课程设置、高端人才培养领域成绩更为突出。美国汉语课程的开设始于19世纪70年代末，发展至今，哈佛、耶鲁、哥伦比亚等美国大学的东亚语言系早已汇集了世界一流的汉语教师和学者队伍，其汉语教学与研究在世界享有盛誉。以哈佛大学为例，其汉语国际教育的开展始终秉承着明确的使命意识，并随着时代发展不断调整。哈佛大学汉语课程开设之初主要是"出于美国对华商务与传教事业需求以及培养能够在中国政府供职、开展商务与从事传教的人才培养"，"二战"时期转为"应战时需求为美国军队培养汉语人才，承担了服务国家、维护和平的使命"，而战后调整为"承担起拓展哈佛大学全球视野的使命"，进入全球化时代，"提升哈佛大学国际学术领袖地位以及服务全球化社区"成为其汉语教学的新使命。当前，哈佛大学已经形成了较为科学的汉语国际教育体系，"在核心课程改革以及美国政府外语战略规划双重需求的引导下，哈佛大学汉语教学已形成汉语言专业汉语教学与非汉语言专业汉语教育相结合、语言与文化相结合、基础汉语与跨学科汉语相结合、长期与短期相结合、本土环境（美国）与目的语环境（中国）相结合的成熟教学体系，以语言知识、语言技能以及社会文化知识为核心内容，重视语言功能，强调学生的交际能力，采用集阅读法、翻译法、听说法、交际法等方法为一体的汉语作为外语教学的综合教学法。"同时，哈佛大学的汉语教育充分关注了多元组织机构的建设：在师资和课程建设的同时，还建有哈佛燕京图书馆、费正清东亚研究中心等机构，"为汉语教学提供了丰富的教学资料与研究成果"，也得到了政府、个人和基金会丰厚的资金支持（许宵羽，2018）。

在美国从事第二外语教学入职门槛比较高，需要至少拥有学士学位，并通过所在州教育行政主管部门的二语教师资格认证，认证并非一劳永逸，"大多数州的合格教师证都要求持证者至少十年参加一次重新审定"（王添淼，史洪阳，2016）。美国等国家实际有充分的汉语教师储备，虽然"每年都从中国引进一些汉语教师志愿者"是因为"一些学校想利用中国的资源支持其汉语教学"，并非因为本地汉语教师资源短缺（吴应辉，2016）。

对于我国而言，明确汉语国际教育的使命至关重要，这也是孔子学院在全球建设、管理和发展过程中必须正视的问题。正如许多学者所讲，汉语国际教育的使命归根结底还是语言教育（赵金铭，2013），"必须清醒并明确，我们自身担当的最主要、最直接的任务是想方设法帮助外国的汉语学习者尽快、尽好地学习，掌握好汉语，特别是汉语书面语（陆俭明，2016）"。汉语国际教育专业研究生在教育中要思考如何更好地夯实基本功进行语言教学，而非刻意地要"传播中国文化"，语言是文化的载体，文化更多是在语言学习基础上通过"润物细无声"的方式传递的。

语言的跨文化传播需要注意互惠与和谐，"倘若把握不好传播这种纯粹性文化主张的分寸和方法，便会遭遇他者的抵制。我们眼睁睁地看见他者对我们这种带有善良愿望的文化传播活动进行'政治化'和'意识形态化'的解读，却束手无策"（刘学蔚，2016）。比如，与全球孔子学院的数量持续增加相反，美国国内孔子学院的数量近年来不增反减：2016年12月的统计数字显示美国国内建有孔子学院110家，两年后，这一数字变为105家，2019年6月，美国的孔子学院数量已再次减少至95家，这种现象让我们不得不进行关注和反思。分析发现，对于孔子学院办学，中美双方存在较大的认知差异：中方认为"孔子学院只是设立在美国大学校园内旨在推广中国语言和文化的机构，没有加入大学学分制体系，对美国高校教学和学术研究并不构成冲击，甚至没有产生大的影响"（马艳艳等，2016）；但美国学界、美国媒体和民众中的部分人对中国海外孔子学院的运行存在质疑，部分地区甚至发起了抵制运动。质疑和批评的原因之一是孔子学院的官方办学背景，但更主要的问题是在运营和管理过程中缺少交流、互动以及灵活性，比如有批评称"孔子学院的相关活动禁止讨论中国政治上的敏感话题、汉语教材由中国教育部审定、教师聘用过程中的特殊要求（比如对教师的信仰有所要求）以及汉办可以决定教材使用和教师的聘用"，这些在美国都被认为与美国高等教育崇尚的学术自由（academic freedom）、学术自治（academic autonomy）和学术中立（academic neutrality）的3A原则相抵触。在未来的发展中，汉语国际教育需要不断探索如何最大限度地满足全球受众学习汉语和理解中华文化的需要。

第二节 欧洲学生汉语习得

欧洲是孔子学院分布最广泛的大洲，截至2019年6月，在欧洲43国（地区）共设有184所孔子学院和322家孔子课堂。中国在海外建立孔子学院，推广汉语，传播中国文化的想法最初正是借鉴欧洲国家本民族语言推广的经验。

欧洲国家有着悠久的汉学研究（Chinese studies）传统。"自明朝晚期始，欧洲耶稣会会士就开始关注汉语教学。与19世纪欧洲传教士不同，来华耶稣会会士的工作除了用汉语翻译基督教经典以外，他们还通过自己的专业所长以及欧洲大学的事务关系在欧洲高等教育领域成功引介汉语教学。当时西方大学者主要的研究兴趣在于中国古代汉语和历史考证，他们将之作为研究汉文化的基础"（王景，2016）。因此，20世纪中叶欧洲几乎所有主要的大学都设有古代汉语专业的学位，并且成果斐然。比如，"20世纪上半叶，法国汉学在中国古代史、中国宗教、敦煌学和考古学等领域均有不同寻常的研究成果问世"（张桂琴，刘碧霞，2008）。

欧洲国家各高校于19世纪开始汉语教育。此时，"西方世界渴望与东方世界进一步沟通，增进对东方文明的认识和了解。英国牛津大学（1828年）、俄国喀山大学（1837年）

等欧洲大学纷纷开设汉语讲座，随后，德国柏林大学（1833年）、英国牛津大学（1976年）等欧洲大学先后开设汉语课程"（许宵羽，2018）。在许多欧洲大学汉语系学生的培养中，通常要设置为期一年到中国大学的交流学习时间，作为课程的一个必修环节；当代中国也成为欧洲各大高校汉语教学和研究的重要领域。

相较于欧洲的教学机构，位于欧洲的孔子学院所能提供的汉语教学多数只是广泛意义的汉语教学和文化互动，缺少优秀的师资。有研究指出从中国派往欧洲的教师"基本不具备所在国家必需的教师资格认证条件，同时，他们当中很多教师亦缺乏必要的课堂管理知识和激发学生潜能发展的情境创设能力，而无法获得所在地学校和学生的认同和赞赏"（王景，2016）。

汲传波、刘芳芳（2017）以27位中国志愿者在意大利、波兰、匈牙利、奥地利、西班牙、德国6国6所孔子学院为期一学年的实习记录为研究素材，概述了志愿者所在的欧洲孔子学院在中华文化国际传播、学习者特点、课程及教材、课堂教学与管理等方面的状况和存在的问题，并给出了技术性的处理方法和建议：第一，在欧洲孔子学院任教，如果缺乏文化的辅助，汉语教学将举步维艰。其中文化辅助的活动主要分为三类："①当地民众可以参与互动的表演类文化活动：书法、剪纸、中国结、中国茶艺、太极拳、踢毽子、包饺子、中国象棋、中国武术等；②欣赏类的文化活动，比如中国画展、中国电影、中国音乐、诗文朗诵等；③讲座类的文化活动，比如中国的节日习俗、中医讲座、中国礼仪、中国电视相亲节目、网络流行语、中国笑话等。"汉办教师和志愿者在出国任教前，有必要学习和思考如何通过中华才艺等中国文化因素在课堂，尤其是低年龄阶段学生课堂激发起学习兴趣。第二，欧洲孔子学院的学习者相较于国内高校的留学生群体，年龄差距悬殊，"需要我们在课程设计、教材选取、课堂教学与管理等方面都进行差异性、针对性的安排。"汉办志愿者在教学中反映的共性问题如缺少适合的教学资源、不会所在国母语限制了教学以及与同事的沟通等，针对这种情况，汉办可以考虑在赴任前培养外派教师和志愿者"对教材进行选取和取舍调整的能力"，如能"掌握教材编写能力"则更佳。在欧洲的儿童汉语教学中，课堂管理通常比教授学生汉语更为重要，志愿者们发现较为有效的处理办法有：加大中国式教学的听写、默写、考试的分量，并制定一整套奖罚制度；在游戏和活动中加入学习内容而非以学习为主以游戏为辅。此外，如果外派教师不懂赴任国语言，至少要在赴国外任教之前要对"课堂指令用语、课堂管理用语、简单的日常用语进行集训"，以解燃眉之急。同时，在汉字教学中，可考虑淡化拼音学习，借助书法课和书写比赛等提升学生学习汉字的热情。

在欧洲国家中比较特殊的是俄罗斯，其国土横跨北亚和东欧，境内包含160多个民族，文学、艺术、军事、科技等都非常发达。近年来，中俄全面战略协作伙伴关系不断深入，双方在金砖国家组织、上海合作组织等国际机构中通力合作、共谋发展，双边经贸往来日趋频繁。正如新华社评论所言，在70年风雨兼程中，"中俄关系已经成为互信程度最高、协作水平最高、战略价值最高的一对大国关系"。

经济因素在俄罗斯的汉语传播过程中发挥了决定性作用。李宝贵（2019）的统计显示，俄罗斯本土汉语学习人数、俄罗斯孔子学院汉语学习人数以及俄罗斯来华留学生人数都随着中俄经贸合作的变化而变化；同时，"共建一带一路"为俄罗斯汉语传播带来了新机遇；"2019年，俄罗斯将首次在国家统一考试中进行汉语科目考试，到2020年，俄罗斯将会把汉语完全纳入国民教育体系"（李宝贵，于芳，2019）。

近年来，中俄经贸往来日趋紧密，然而中国的出海企业都一定程度遇到了跨文化沟通的问题。许多学者提出在对俄汉语教育中，除语言教学外，也要阐释好中俄文化的对立统一关系，对不同的习俗、思维方式、价值观念的忽视极易导致跨文化交际失误或失败。这其中包括以下表层的礼仪习惯，比如"俄罗斯人的时间观念与中国人有很大差异；对于送花的礼仪也有很大的不同，如中国人喜欢在母亲节和教师节给母亲或教师送康乃馨，而在俄罗斯康乃馨却是给故去的人送的，送花的数量是单数还是双数也与中国习俗相反"（朱晓军，2016）。同样，需要提升对深层次较为细微的文化特征以及文化间差异的认识。俄罗斯处于东西方文明的交界处，文化兼容东西，文化中也展现出很多固有的矛盾性："个人主义和集体主义；谦恭和反抗、奴性和自由、软弱和残暴；自我牺牲和利己主义、精选原则和人民性，以及高级别的原始宗教性、对唯物主义的崇拜和对崇高精神理想的喜爱；无所不包的国家性和无政府主义的自由性；国家的自负和与大国主义相连的民族自负和弥赛亚的万能型；东正教的强制俄化与努力将东正教变为世界性宗教；寻求社会自由与服从国家专制及等级主教制；接受僵化的尘世事件与无限的自由、寻找上帝的真理；西方派所向往的进步、个性自由、合理组织生活与东方派感兴趣的有序、稳定且复杂的与俄罗斯现实相区别的生活……这些现象都是俄罗斯文化中矛盾但又互为依存的部分，这些部分构成了俄罗斯文化的二元体系。"（张梅，2013）这种矛盾统一呈现在课堂教学系中，即成为来自不同文化背景的老师需要处理的障碍。李丹宁（2018）对来华俄罗斯留学生汉语教学所提出的教育策略对在俄罗斯开展汉语教学同样有益，他认为"讲解语言知识与讲解文化语言"同等重要，要有针对性、选择性和主导性，在教学中要认识和挖掘中国文化与俄罗斯文化的矛盾性、神本意识和使命感中的共同之处，关注俄罗斯现代舆情变化调查、以"中和""仁者爱人"和"修齐治平"等作为衔接点，结合俄罗斯文学作品叙事或者现当代关于中俄两国的历史事件诠释"两国文化中的对立和对应关系"，推动双方的理解。正如彭树智先生所言："根据古今中外不同文明之间的辩证联系的规律，差异性并非必然导致冲突，同一性并非必然导致融合……在多元文明时代，不同文明之间通过交往的必由之路，是寻找彼此之间的交汇点，而不是一方化掉另一方，更不是一方消灭另一方。"

第三节　亚洲学生汉语习得

中国所处的亚洲是世界上人口最多的大洲，其中有 14 个国家与中国接壤，6 个国家为中国的海上邻国。据 Population Reference Bureau 数据，2018 年亚洲人口过亿的国家有 7 个，除中国外，还有印度、印度尼西亚、巴基斯坦、孟加拉国、日本和菲律宾。

相对于亚洲庞大的人口，孔子学院（学堂）目前在亚洲的设置并不充分，特别是在中国周边国家的设置极不均衡。截至 2019 年 6 月，与中国同处于汉字文化圈的日本共有 23 家孔子学院、5 家孔子学堂，但亚洲人口第二大国印度仅有 4 家孔子学院、2 家孔子学堂，印度尼西亚有 7 家孔子学院，巴基斯坦有 4 家孔子学院和 2 家孔子学堂，孟加拉国和菲律宾分别有 2 家和 4 家孔子学院。下面简要介绍汉语国际教育在东南亚、南亚、西亚和中亚的发展现状。

一、东南亚

东南亚通常泛指亚洲东南部的地区，包括越南、老挝、柬埔寨、缅甸、泰国、马来西亚、新加坡、印度尼西亚、菲律宾、文莱、东帝汶等。东南亚地区是海外华人聚居区，也是"目前全球汉语传播效果最好的地区"（吴应辉，何洪霞，2016）。据统计，东南亚地区的华侨华人约占全球华侨华人总数的 73.5%，华文教育在广大华人华侨中一直得到较好的保留，这有利于当地汉语国际教育的进行。

20 世纪以来，汉语在东南亚各国的传播明显受到当时国内政策的影响，吴应辉、何洪霞（2016）称之为"波段共振性"。多数东南亚国家在 20 世纪经历了受欧洲国家殖民、被日本短暂占领（约 1942—1945 年），在两次世界大战结束后获得自身独立等重大历史阶段。在人民投身于争取自身国家独立过程、民族情绪高涨之时，许多国家的汉语学习处于停滞状态，部分国家国内甚至发生了严重的反华排华事件。直至 20 世纪 80 年代，东南亚各国才与当时改革开放积极投入经济建设的中国不断改善关系。20 世纪末，东南亚各国国内的汉语学习逐步恢复，汉语学习不再仅是华人的选择，其他族群也在积极学习汉语；文莱、老挝、越南、菲律宾、柬埔寨、越南、泰国、印尼等都出台了较为宽松的外语学习政策，但国别差异仍然明显的。据郑通涛等（2014），"东南亚各国学习汉语的人数超过 160 万，开设汉语专业或汉语课程的大学约有 100 所，开设汉语课程的中小学达 2500 多所，各类汉语培训机构 500 多家，教授汉语的教师将近两万人"（郑通涛等，2014）。其中，最引人注目的是泰国。吴应辉等（2012）将当前汉语在泰国超越常规速度的快速发展现象称为"世界汉语教学的一面旗帜"。

泰国旧称"暹罗"，通过海路与中国相连，中泰两国关系紧密。中国史书记载，"在

1370—1643年间，暹罗使节来到中国访问和贸易达102次，中国明朝使者回访也有19次之多"（陆锡兴，2018）。第二次世界大战期间，泰国是日本的盟国；与东南亚多数国家不同，"二战"之后的泰国选择追随美国不与中国发展友好关系，甚至与中国对抗。"20世纪50年代至90年代，泰国的汉语教学发展十分艰难，学习人数日趋减少，华文学校陆续关闭，从几百所降到几十所"（陈传俊，2013）。因此泰国的当代汉语国际教育起步较晚，直至1992年，汉语教育才在泰国取得合法地位。2003年之后泰国的汉语国际教育以惊人的速度发展，汉语"进入泰国各类教育体系中，包括高等教育、基础教育、职业教育，甚至学前教育"，汉语课程在各级学校的数目呈十余倍增长，汉语已经成为仅次于英语的第二外语（吴应辉等，2012）。吴应辉、杨吉春（2008）将泰国汉语快速传播的模式总结为"政府主导，高校快捷地推动泰国全国性的汉语教学；民间响应，形成各级各类学校争相开设汉语课的良好局面；中国支持，成为泰国汉语传播的助推器；媒体造势，形成推动汉语教学的舆论氛围"。吴应辉等（2012）、肖舜良（2012）等的研究又进一步总结了泰国"汉语热"得以产生的诸多有益做法，包括：泰国无论是皇室、政府还是社会团体都大力支持汉语教学，从政府层面进行了汉语教学的顶层设计，推动汉语教学进入主流教学体系，政府与民间都积极投入经费解决汉语教学中的实际问题，与中国紧密合作解决本国国内汉语教师师资和教材缺乏等问题，名人和名校引领推动泰国国内汉语教学以及媒体的宣传，并认为汉语在泰国的成功推广很大程度上是因为学习者能够从学习和使用中获得利益、取得优势、满足特定的需求和目的。李宇明（2007）也持同样观点，"语言传播价值的大小有无，不在语言自身，首先取决于语言领有者的社会及历史地位"，中国经济的快速增长以及国际影响力的不断提升正是汉语国际传播最根本的驱动力。在亚洲，泰国的孔子学院（课堂）数量仅次于韩国，截至2019年6月，泰国共建有16家孔子学院、20家孔子课堂。

泰国汉语教育在保持强劲发展势头的同时尚存在一些问题。韦丽娟（2012）将其概括为三个方面：第一，泰国目前缺乏明确系统完善的汉语教学大纲，未形成权威统一的汉语教学评价标准和汉语水平测试系统，各阶段汉语学习内容常出现重复，缺乏系统性和持续性，影响了学生学习的积极性；第二，高层次汉语人才十分缺乏，尚不能满足泰国社会的实际需求，需要通过调研制定长期的发展规划，鼓励学生明确学习目标、改进学习态度，提高汉语学习效果；第三，汉语教学能力建设有待加强，需要补充更多专业师资、更新教材、做好课程和本土化教材开发，提升教育管理层次。还有研究建议需通过文化的理解提升教学效果，"比如东南亚国家的学生学习风格多具有依存型，老师在教学时可以采取小组合作方式教学，降低学生的畏难心理。"（梁吉平，杨佳宇，2019）

东南亚各国的"语言政策、组织机构和华文教育"是"新时代东南亚汉语教育发展进程的重要根基"（吴坚，杨婧，2018）。"大湄公河"次区域合作、"中国—东盟"自由贸易区建设等一系列经济发展举措都促使汉语在该地区地位不断提升，"东南亚地区正在成为亚洲东亚汉语圈之外的第二大汉语圈"（崔晓霞，彭妍玲，2011）。

二、南亚

南亚国家包括斯里兰卡、马尔代夫、巴基斯坦、印度、孟加拉国、尼泊尔和不丹。当前，我国关于南亚地区汉语教学和传播的研究成果比较有限。

以印度为例，印度是中国的近邻，是南亚次大陆面积最大的国家，人口数量居世界第二位，近年来经济发展态势良好，与中国同为金砖国家组织成员。印度是一个宗教大国，其中印度教徒约占总人口的80.5%，教派、禁忌和信仰繁多，且互不相同。中印双方同为文明古国，两地自秦朝以来已拥有2000余年的交流史，达摩和玄奘等圣人的足迹和佛教传播是两国文化交流和沟通的基础。现代的印度是在摆脱300余年的英国殖民统治后于1950年宣布独立的，其官方语言有印地语和英语两种。不结盟是印度历届政府外交政策的基础。印度早在20世纪50年代即与中华人民共和国建交，但曾有一段时期两国关系有所波折，1976年恢复互派大使后，两国关系才逐步改善。

20世纪以来伴随着中印关系的起伏，汉语在印度的学习和传播也在不断变化。印度本身具有完备的高等教育体系，在校大学生规模仅次于中国，有着世界规模第二大高等教育体系。"一带一路"倡议提出后，中国与印度的教育交流有一定增多，印度来华留学生数量已经超过去英国留学生数量（刘进，徐丽，2018）。其国内的汉语国际教育也得到了一定的发展，汉语课程成为法语、德语、日语等传统中学外语课程之外的新选择。现代印度大学开设汉语班的历史可以追溯到1918年。诺贝尔文学奖得主泰戈尔在20世纪30年代创办的国际大学开展的汉语教学与研究，主要是沿用欧洲与美国中国学（汉学）界的相关研究机构及其治学方法。谷俊、杨文武（2011）将印度20世纪至今的汉语教学情况划分为三个阶段：兴盛时期（20世纪30年代—60年代初）、停止时期（20世纪60年代中期—80年代中后期）和深入发展时期（20世纪80年代末至今）。目前印度的汉语教学主要是在印度大学、社会（非学历）汉语培训班以及孔子学院进行。大学在汉语教学与研究方面实力较强，许多大学设有汉语专业和中国文化研究中心，通过严格的选拔才能入学，同时在印度教授汉语课程的大学教师资格要求是拥有汉语专业硕士学位，同时拥有国家资格考试（National Eligibility Test/NET）证书。NET这门考试的难度比较大，它并不仅仅考查考生的汉语水平，如语法、汉英笔译和英汉笔译以外，同时也考查考生的中国历史、文化、文学、地理等各方面的知识（阿西，2012）。私营培训多为30—40学时的短期项目，重视培养基础的汉语交际能力，学习者多从事商贸往来工作，培训机构在新德里比较集中，在孟买、加尔各答等大城市以及德尔敦、纳西克等小城市的分布也日趋增多。由于历史的原因，"当前印度汉语师资的断层现象还相当严重，需引进与培养高水平的汉语教师"，教学水平参差不齐，教材老化。另外，印度有100多个民族，语言复杂，如何找出适合印度学生需要的汉语教学方式，让印度学生更好地理解和学习与其拼音文字不同的方块汉字，学好汉语语法、语调等都是十分困难的任务,如今,一些地区开始尝试通过网络开展远程汉语教学。

印度的文化习俗与中国差别较大,在交流过程中需要注意手势等非语言行为的使用,比如印度教师表扬学生不能触碰学生头部,因为这被认为是人体最神圣的部位;同样,在中国如果表达"思考、想"等意思时可以将食指放在太阳穴位置绕一下,但在印度则表示头脑不正常(阿西,2012)。

再如孟加拉国,同是亚洲人口大国,其汉语国际教育主要是在高校中展开。虽然中孟两国正式建交是在1975年,但达卡大学早在1948年就已经开始汉语教学。南北大学孔子学院于2006年2月建成,设在南北大学继续教育学院之下,这是孟加拉国也是南亚地区第一家孔子学院,课程以听说为主。龚苗等(2008)对孟加拉国达卡大学(Dhaka University)(公立)、南北大学(North-South University)(私立)和孟加拉美国国际大学(American International University-Bangladesh)(私立)进行调查,发现汉语教学和传播主要是以这些大学为基地,借助各种文化活动向各地推广。汉语在孟加拉国的影响不断扩大,但也存在一些问题。比如,汉语教学进度经常受到其国内政治局势、教学活动的安排、汉语课程的课程性质影响而延缓或中断;英语、法语、西班牙语等语言的强势竞争以及汉语学习动机不强和汉语本身的难度等也使得很多学员中途放弃。

三、西亚

西亚位于亚、欧、非三大洲交界之处,是连接大西洋与印度洋的枢纽,自古以来就是沟通东西的战略要地。该地区地域广阔,总人口超过3.4亿,包括17个国家:土耳其、以色列、沙特阿拉伯、伊拉克、伊朗、阿富汗、塞浦路斯、黎巴嫩、叙利亚、约旦、巴勒斯坦、阿曼、也门、科威特、巴林、卡塔尔、阿联酋。中国与西亚国家的贸易投资合作主要集中在石油贸易领域,并在不断向新材料、信息等贸易投资领域拓展。由于历史、宗教、资源、地缘政治等多方面原因,西亚地区各国国情复杂,比如,卡塔尔等产油国与阿富汗等非产油国的国内生产总值差距悬殊。西亚一些地区长期动荡,政治局势和安全形势都具有极大的不确定性,宗教极端势力、民族分裂势力、国际恐怖势力活动频繁,各国间的区域合作难以展开,汉语国际教育在该地区发展滞后。

良好的经济共同发展和就业前景是拉动西亚地区汉语学习热情的重要因素。比如,沙特是世界最大产油国而中国是世界第一大能源进口国;中国提出"一带一路"倡议,意在强化与欧亚大陆发展中国家的经济合作,而沙特提出"2030愿景"以谋求产业的多元化。因此,2019年沙特政府在其王储结束访华之际即宣布将汉语纳入沙特王国所有教育阶段的课程之中,评论认为,在沙特的汉语教学将促使中沙合作拥有更多"共同语言"(中国经济信息,2019)。

土耳其一直是西亚地区具有强大影响力的大国，但土耳其的汉语教学目前只处于初级阶段。据苗福光（2014），土耳其当前有 5 所大学开设汉语专业课程，还有近 10 所大学以及 15 所中小学开设汉语教学课程或活动。在这些教学机构中，历史最为悠久、影响最大的是在其国父阿塔图尔克·凯末尔（Ataturk Kemal）建议下创立的安卡拉大学汉学系。该系具备完整的本科、硕士、博士的学科培养体系，将梳理突厥先祖历史以及研究中国作为其汉学研究目标，积累了一定的研究成果，但相较于德国、英国、法国等西方国家的汉学研究，仍比较薄弱。2004 年，汉语被土耳其教育部门确定为中小学第二外国语备选语种，但总体而言，当前土耳其国内汉语学习者人数有限，教学水平和层次也不高。

在全世界 22 个阿拉伯国家中，有 12 个分布在西亚的沙姆地区（巴勒斯坦、约旦、叙利亚和黎巴嫩）和半岛地区（沙特阿拉伯、伊拉克、也门、科威特、阿拉伯联合酋长国、卡塔尔、巴林、阿曼）。汉语教学在阿拉伯国家越来越受到重视，只是师资薄弱、针对性教材缺乏："目前懂阿拉伯语的汉语教师仍然较少，学生与教师间沟通及课堂解释性语言通常只能是英语，语言的障碍使教师在教学过程中不能充分发挥，学生在学习过程中不能透彻地理解。"文化差异也是汉语传播的重要障碍，在阿拉伯地区的汉语教学发现，中华文明与伊斯兰文明虽然在某些观点上存在相同之处，但语言在实际使用中的意义差别很大，许多在中国文化中寓意深刻的内容在其他文化中却是无法理解的。这都需要相关人员在汉语国际传播中更主动去认识、理解和探索彼此文化。据研究，当前阿拉伯国家很多关于中国的报道并非来自一手资料，而是转自西方或其他传播力较强的世界级媒体，"阿拉伯公众最关心的是中国的发展经验、中国的外交政策、当代中国人的生活以及伊斯兰教在中国的发展。"（姚淑燕，2014）可见，当代中国是阿语国家希望了解，但又时常被误解的国家。中国对阿媒体在宣扬中国传统文化的同时注意呈现真实的现代中国。

汉语在西亚的传播过程中，中国自身国际地位和影响力的提升是必要的前提，当地政府的积极关注是重要保障，这些直接影响到汉语学习者的数量和热情。比如，在约旦，汉语教学虽然 20 世纪 70 年代刚刚起步，但发展迅速，不仅有一些兴趣班，也有大学开设汉语专业。来自约旦的艾瑞海（2016）对约旦大学中文系汉语教学状况和问题进行了阐释，发现目前的课程设置比较单一、课时较少，学生学习进度经常落后于教材设置的教学进度，导致学习者学习动机和兴趣逐步下降；教师数量存在缺口，且现有很多教师的教学方法、专业素质等时常遭遇学生质疑，学生希望既懂阿拉伯语又懂对外汉语教学的教师任课，要具备区域性的教学观；许多课程还是以教师讲授为中心，学生参与机会较少，课程重视精读忽略泛读；此外，中约两国当前的合作和交往次数还处于初级阶段，当前懂汉语的人在相关企业或单位的就业机会比较有限。

四、中亚

中亚地区的汉语国际教育从 20 世纪初起步,迄今已有近 30 年的历史。近年来,随着中国经济的发展和国际地位的提升,中国与中亚地区的交往日益密切,尤其是 2013 年"丝绸之路经济带"构想提出后,中亚地区汉语国际教育发展呈现快速上升的态势。

在中亚各国中,吉尔吉斯斯坦官方语言是俄语,土库曼斯坦、塔吉克斯坦、乌兹别克斯坦是从苏联分离出来的,这 3 个国家规定其母语分别为:土库曼语、塔吉克语和乌兹别克语。但是,俄语在这 3 个国家中使用领域依然最广,承担官方语言和族际交际语言的能力依然最强,在地缘政治、劳务输出、教育留学、区域经济合作等方面,功能依然强大。中亚各国的风俗习惯、宗教信仰和思维方式比较接近。

在中亚地区,高等院校是汉语国家教育的重要机构。李琰、聂曦(2016)对中亚吉尔吉斯斯、哈萨克斯坦、乌兹别克斯坦和土库曼斯坦四国 37 所高校进行了实地调查,发现汉语在这些高校的传播呈快速增长态势,但整体发展不均衡。在所调查高校中,有 17 所高校设有汉语专业,7 所高校将汉语列为必修课程,还有 21 所高校开设了汉语的选修课程。这些高校开设的课程主要是综合类和语言类课程,文化类课程较少;专任教师多集中在少数高校,本土教师的数量超过了孔子学院公派教师和志愿者,各高校在增设汉语课程中都在一定程度上遇到师资缺乏问题;中国编写的教材是汉语教材的绝对主体,但自编教材在中亚各国高校中也普遍使用。

"一带一路"倡议推出后,许多中国企业走出国门、投资建厂,参与当地经济建设。研究显示,"中亚国家中资企业中,中国员工与当地员工的比例大多是 2∶8,中国员工占两成,当地员工占八成。……这种招工比例极大地激发了当地青年学习汉语的动机和兴趣"(周庆生,2018)。孔子学院在中亚企业语言培训中发挥了重要作用。依据孔子学院的统计,截至 2019 年 7 月,哈萨克斯坦有 5 家孔子学院,吉尔吉斯斯坦有 4 家孔子学院,乌兹别克斯坦有 2 家孔子学院,塔吉克斯坦有 2 家孔子学院,土库曼斯坦尚未设立孔子学院或孔子课堂。以塔吉克斯坦企业为例,"塔中矿业有限公司日常聘用当地员工五六千人,多时近万人。中国企业特变电工承建塔吉克斯坦杜尚别首都热电厂,既需要大量的建设人员,还需要长期维护保修人员,需要大量懂汉语的当地员工。'中石油公司'则与孔子学院签署汉语教学协议,联合培养塔吉克斯坦员工的汉语能力,提高其汉语水平"(周庆生,2018)。

第六章　国际中文教育新型教学观念和意识的培养

汉语国际教育师资培养的过程中首先要注意正确的教学概念和教学意识的树立,并且在培养过程中要贯彻落实"以学习者为中心"的教育教学观念,这就要在培训时设法促进汉语师资教学观念的变革,还要在教学设计和课堂教学的活动中具体落实,开展针对学习者需求的个性化教学是具体落实的有效途径。

汉语国际教育师资要成为适应汉语教学事业新要求的人才,就必须培养他们改变传统教学方式的意识和能力,提升他们在教师认知方面适应专业要求的能力,帮助他们建立"以学习者为中心"的教学意识和教学操作能力。

建构主义理论对知识和学习都带来了革命性的新认识,对汉语国际教育师资培养工作也有许多的启示作用:(1)建构主义理论可以使汉语师资在汉语教学中引导学生主动建构自己的汉语知识系统;(2)汉语师资要有意识地创造条件发挥而不是抑制学生学习的主动性,想方设法寻求机会利用学生已有的知识和经验使之达到更好的学习效果,帮助学生开展有意义的建构性学习活动;(3)在汉语教学的课堂上汉语师资要注意体现"以学生为中心"的教学原则,同时也要随时提供对学生的帮助和指导。

在汉语国际教育师资培养的相关研究中存在着认识上的偏差,这些偏差包括对汉语国际教育师资培养内容和培养方式的认识偏差,以及对汉语国际教育师资能力和行为的认识出现的偏差。这些偏差会带来汉语国际教育师资培养工作上的一些问题,只有纠正了这些偏差形成合乎教学实际的新认识,才能有解决这些问题的良好开端。

汉语国际教育师资的培养涉及许多方面,并不是容易取得成效的一项工作,尚且存在着一些对这项艰辛的工作并非客观、公正的评价,因此要努力设法排除对中国培养的汉语国际教育师资的偏见给这项工作带来的不利影响,同时还要注意解决对汉语国际教育师资道德品行要求的认识上出现偏差带来的问题。

第一节　教学观念变革和落实"以学习者为中心"理念

在海外开展汉语国际教育时,汉语师资应当贯彻落实"以学习者为中心"的教学观念,但是这并不是每一位教学者都能够做到的,"有一次,当一位国内去的老师教课时,见一位学生在课堂上不愿配合,有点调皮捣蛋,竟勒令他离开教室,不许再进来。这一举动,在国内或许无可厚非,视之为理所当然,但在那个必须'以学生为中心'的环境中,却可能涉嫌违法。你把'中心'都赶出课堂了,还教什么?"(李柏令主编,2010:前言4)汉语国际教育师资如果不能贯彻"以学习者为中心"的教育观念,不仅会影响教学而且可能会带来违反国外当地教育法规的不良后果。然而每一位汉语老师并不都天然地或自然而然地就能贯彻落实"以学习者为中心"的教育教学观念,因为在我国的教育教学传统上大都是"以教师为中心"的,以往在教育资源紧张又面临升学压力的情况下,"以教师为中心"成为我国教育,特别是基础教育的常态。但是随着我国教育事业的大发展,这种情况已经大为改观,如果再以此观念指导汉语国际教育则会方枘圆凿。

当代的教育发展潮流所提倡的"以学习者为中心"是对"以教师为中心"的教育教学弊端的变革,在教学设计和教学操作中采取不同的教育理念,就会有截然不同的教学结果。在论及任务型语言教学时,有学者指出:"明确'以学习者为中心',这一点对于任务型教学设计有着至关重要的指导意义,因为从'以学习者为中心'出发还是从'以教师为中心'出发将得出两种截然不同的设计结果。"(魏永红,2004:143-4)任务型教学方式是在海外普遍利用的语言教学方式,它所倡导的是"以学习者为中心"的教育理念,但是汉语国际教育师资如果仍然秉承"以教师为中心"的教育理念,那么如果要开展任务型汉语教学就必然不会顺利,汉语国际教育的教学任务也就难以如愿完成,所以在师资培养中有必要特别重视"以学习者为中心"的教育教学理念。

一、实现"以学习者为中心"的关键是汉语师资教育教学观念的变革

"以学习者为中心"虽然是一种来自国外的教育观念,但是对国内教育领域"以教师为中心"的传统教学理念进行纠正很有针对性。有学者就明确提出:"'以学生为中心'(student-centered),或者叫'以学习者为中心'(learner-centered),是一种与'以教师为中心'相对的教育理念。"(李柏令主编,2010:1)这种新型的教育理念在许多方面都可以引发我们对教育教学变革的思考:"在教学过程中,它重在给学生自主选择学习内容的机会、注意尊重和了解学生、增大形成性评价(formative evaluation)的比重。在教育教学管理中,'以学生为中心'就是为学生创造一切可能的条件,按照学生身心发展的规律办事,以促进学生身心的发展。(参见赵一宇,2004)"(李柏令主编,2010:1)本来,教师的所有教育教学的努力都要通过学生才能发挥作用,这是很普通的、显而易见的道理,但是偏偏就在"以教师为中心"的教育观念中被扭曲了。"以学习者为中心"符合学习的规律,体现着教育的本质,应当也必将在我国的汉语国际教育中得到更多的贯彻落实。

在语言教学领域,另外还有一种与"以学习者为中心"对立的教学理念是"以课程为

中心"的教育教学理念。对于这两种教育教学理念，国外学者纽南（Nunan, 2001）进行了对比分析："在语言和语言教学中，以课程为中心的观点和以学习者为中心的观点之间一直都'关系紧张'（tension）。以课程为中心的观点认为学习语言的本质就是要掌握知识主体。而以学习者为中心的观点则认为，语言习得是一种技能习得，而不是知识本身的学习。'课程中心论'强调语言内容本身的内化（be internalized），'学习者中心论'将语言视为交际过程的发展（be developed）。"（李柏令主编，2010：21-2）"以课程为中心"与"以学习者为中心"的对立虽然表面上是在语言教学内容方面的对立，实际上涉及语言观和语言学习观等一些根本观念的对立，这些根本性的对立也会最终影响到对学习者地位的看法。在汉语国际教育师资培养中，应当着力使受训师资有能力分清这些教育观念的差异，要有跟上时代教育变革发展的意识，自觉地在教学中贯彻"以学习者为中心"的理念。

二、汉语师资在汉语国际教育中具体落实"以学习者为中心"的教育理念

汉语国际教育师资在具体的教学操作中落实"以学习者为中心"的教育理念，首先就要从备课准备阶段开始就奉行这一理念，在教学设计过程中也要加以落实，这样一来，汉语师资就需要了解学习者的学习需求，并对他们的需求进行细致的分析。有学者就指出："'以学生为中心'的课程设计的第一个任务就是了解需求，以及需求分析。需求分析是课程学习的一个参数，这些参数包括学习者团体的标准和基本原理，课程内容的选择和顺序，课程的长度、密集度和持续时间。在'以学生为中心'的体系中，课程设计者会通过跟学习者的密切交流和咨询来确定这些参数。"（李柏令主编，2010：22）在汉语国际教育师资培养的过程中，要安排专门的教学环节培养他们了解和分析学生需求的技能，如掌握通过问卷调查和访谈等了解学生学习需求的具体方法。

在课堂教学阶段开展"以学习者为中心"的教学，汉语国际教育师资就要具有设计体现"以学习者为中心"理念的教学活动的能力。有海外学者提出了开展这样的活动的诸多优点："以学生为中心的活动具有以下优点：①创造一个具有鼓励性和积极性的语言学习环境；②增加学生使用语言练习沟通的机会；③增加流利度和学习内容内化的机会；④学生之间有互相学习和交换经验的机会；⑤学生彼此通过语义协商的沟通过程进行交流，近似于真实语境；⑥学生能练习沟通策略的技巧并培养认知能力和解决问题的能力。"（曾妙芬，2007：144）可以看出，这些活动都是以学生为中心来进行的，是由他们自己独立来完成的，教师要退后而非居于课堂教学的中心地位，课堂上的时间大部分都要留给学生去完成这些活动，在师资培养的过程中一定要使受训师资具备设计这种活动的意识和能力。

三、开展个性化教学是汉语师资落实"以学习者为中心"理念的有效途径

汉语国际教育师资在教学中贯彻落实"以学习者为中心"的教育观念,并不是要求他们在教学实践中"一刀切",在任何教学情境和任何教学条件都不加区别地强行推进。有学者对此就提出:"其实,我们并不强求对所有的学生不加区别地统一采用同等程度的'以学生为中心'的教学模式和教学方法。因为'以学生为中心'的教学理念的精髓在于尊重学生的差异性,而强求一律的做法恰恰与这一思想背道而驰。"(李柏令主编,2010:12)尊重学生之间的差异性,有针对性地开展个性化教学,才是汉语国际教育师资应当真正掌握和有效落实"以学习者为中心"教育理念的正确途径。

汉语国际教育师资要想开展个性化教学,首先就要尊重和了解作为教学对象的学生的个性特点。有学者提出了学习者个性在第二语言习得中的重要性:"学生们的个性特点会影响他们在课堂上的表现,进而对他们的学习效果也会产生一定的影响。Cook(1991)就曾提出,学习者的个性差异可能会促进或抑制其第二语言习得。学习者的个性是第二语言教师无法改变却对语言学习存在极大影响的非智力因素。"(丁安琪,2010:169)汉语国际教育师资在开展教学活动的过程中,应当重视学习者个体差异对汉语学习的影响,在教学设计和课堂教学中都要采取有针对性的措施。"对不同语言水平的学生应有不同的要求,对不同性格特点的学生宜采取不同的纠错方式,充分尊重学生的学习心理,保护他们的学习积极性和创造性。"(蔡整莹,2009:3)在培养汉语国际教育师资时,应当使之具备准确把握学生的个性特点并分级分层开展教学的能力,这样他们才能在教学过程中真正有能力开展针对学习者具体学习需求的个性化教学。

第二节 专业发展中教学理论和教学能力的培养

汉语国际教育是新型的汉语语言教育事业,实际上也是我国教育事业变革发展的组成部分,对将要从事汉语国际教育事业的师资的培养也要适应这种变革,培养的目标之一就是要使他们具备适应和投身教学变革的意识和能力,以便更好地胜任汉语教学工作。

一、对汉语国际教育师资改变传统教学方式的意识和能力的培养

可以说,汉语国际教育是从我国传统的对外汉语教学事业发展而来的,但是实际上它又与对外汉语教学有着很大的不同,是在前者基础上的重大变革和提升。这种变革更替的

发生主要是由于教学对象及其学习需求发生了很大的变化,从事这种工作的汉语教学师资若不能适应这种变化及时进行调整,则汉语教学事业将面临很大的危机。有学者总结和揭示了传统的对外汉语教学模式的特点和问题:"传统的对外汉语教学模式的特点是:以教师为中心,教师利用讲解、板书和各种媒体作为教学的手段和方法向学生传授知识;学生则被动地接受教师传授的知识。在这种模式下,教师是主动的施教者(知识的灌输者),学生是外界刺激的被动接受者、知识灌输的对象;教材是教师向学生灌输的内容;教学媒体则是教师向学生灌输的方法、手段。"(李柏令主编,2010:15)可以明显地看出,传统的对外汉语教学模式注重语言知识的教学,在汉语国际教育的新时代这种传统的教学方式必须变革,在培养汉语国际教育师资的过程中不能再以早已过时的传统教学理念和方式误导他们。

进行教学变革当然并不是一件容易的事情,哪怕是要求汉语师资改变自己已经习以为常的对教学的认识,也并不是一件容易的事。对此有学者提出:"和其他研究者的发现相同(Barth,1990;Fullan,1990),我们的结果表明,对于改革来说接纳创新和创造一个合作的环境是互补的条件。对学校改革有兴趣的个人如果只注重一个条件,他们就会犯错。在创新和合作同时进行、互利互助的环境下,改革能取得最大的进展。"(Sandholtz,Ringstaff&Dwyer,2004:119)可见,要想实现通过汉语国际教育变革传统的汉语教学方式的理想,就必须使受训的师资(包括汉语国际教育专业硕士)具备整合学校内外各方面的力量、通力合作完成教学变革的能力。

二、汉语国际教育师资在教师认知方面适应专业发展能力的培养

汉语国际教育师资要想获得较好的专业发展,其中重要的任务之一是在教师认知方面有所发展。对于教师认知进行研究,有学者提出:"教师认知研究基于这样一种认识,即教师是课堂教学活动中的最终决策者或者主导者,教什么、怎样教全看教师。而教师的决策有意无意地受到多方面的影响,这包括他们当学生的经历,教师职业培训或教育,当前流行的教学思潮,对教与学的看法,他们所处的教学环境等。因此教师的认知及其教学活动是一个极其复杂、多样的过程。"(孙德坤,2008:74)教师认知对教学决策、教学运作和最终的教学成果都有着很大的影响。例如,如果教师认同传统的语言交际教学法,他们在课堂教学中就会提出实际上并没有包含学习者的交际意愿的所谓交际问题,课堂里所发生的实际上只是一种非真实性的交际,因为学习者在进行所谓的"交际"时是被动的,也很容易被他们认为在这种"交际"中他们是受摆布的,因而不愿意参与,这就会使教师的课堂教学陷于被动而难以开展,可见教师认知是非常重要的,应当引起重视。

我们所培养的汉语国际教育师资如果在教师认知方面受到传统教学方式的影响,那么

他们的教学行为就会步入"以教师为中心"的旧有轨道。有学者就提出:"在传统的课堂教学中,谁跟谁在什么时候、在怎样的情况下、讨论什么,都是由老师来决定的。老师可以插入或是打断学生的话,课堂话语总是落于或回归于老师。新的教学理念要求教师的任务是营造一个语言活动互动,学生可以做真实交际的情景和环境。"(温晓虹,2008:271)显然,传统课堂教学的方式已经难以适应当今学习者以交际能力习得为主的语言学习需求,培养汉语国际教育师资改变传统教学方式的能力,首先就要使他们有能力改变传统的"以教师为中心"的教学方式,要变革为"以学习者为中心",这样才能实现帮助学习者获得目的语(target language)交际能力的教学目标。

三、汉语国际教育师资"以学习者为中心"的教学意识和教学能力的建立

汉语国际教育师资在教学中所应贯彻的是"以学习者为中心"的新型适应外国学习者学习需求的教学理念,但是如果师资培训者自身不能摆脱传统教育思想的影响,不能与汉语国际教育的教学理念保持一致,这种不一致就会给所培养的汉语师资带来思想上的混乱。"我国的传统教育思想基本上是以教师为中心的,目前在岗的对外汉语教师大都经过传统教育理念和实践的'浸润',与西方的教育思想隔膜较深,在一定程度上存在着'文化的隐性层面和文化冲突方面'的'不一致'甚至'冲突'(吴亚林,2005)。"(李柏令主编,2010:10)所以,汉语国际教育师资的培训者应当深刻认识到改变传统的教育教学思想并且贯彻落实"以学习者为中心"教学理念的重要性。

要想使汉语国际教育师资具备"以学习者为中心"的教学能力,首先要使他们具备全面了解学习者特点的能力,因为学习者的特点涉及许多方面的具体内容:"以学习者为中心的课程设计的起点,通常就是采集各种类型的个人资料。这些资料包括当前的水平等级、年龄、学历、学过的语言课程、民族、婚姻状况、在目的文化环境中度过的时间长度,以及过去的、当前的和打算将来从事的职业。它也可以包括语言目标、教育目标以及生活目标。信息的采集也可以根据学习者的主观因素来进行,例如偏好的课程长度和强度、偏好的学习安排(学习者想要得到以课堂学习为主还是以非课堂学习为主的指导)、偏好的教学法(包括学习者所希望的教材和练习的类型)、学习风格,以及来上课的一般目的。"(Nunan,2001:42)可以看出,既然需要了解的学习者特点是非常丰富的,汉语国际教育师资就要有目的、有意识地全面了解学习者主观和客观两方面的个人情况,这样才能有针对性地设计能够面向学习者的教学。

要培养教师有能力在备课阶段所设计的教案中,除对各个教学步骤的具体操作情况要落实"以学习者为中心"以外,在教学课件的制作等方面也要贯彻"以学习者为中心"的原则,要展示出考虑到学习者特点和教学针对性,引导学习者在课堂上和课堂外要展开的

语言学习活动等内容，还要包括对学习者出现偏误情况的预想和纠正偏误等方面的方案。要想使汉语国际教育师资能够贯彻"以学习者为中心"的教学观念，就要在许多方面培养他们相关的意识和能力，这个培养任务既重要又艰巨，同时也是一项长期坚持才能见效的工作。

第三节　以建构主义理论新认知促进国际中文教育师资培养

建构主义理论对学习知识的认识发生了与以往任何教学理论都不同的革命性变化，由于对知识的理解与以往不同，相应地对知识的学习方式也发生了变化。对此有学者认为："建构主义的理论：'将知识定义为暂时的、可开发的、受社会和文化影响并且是非主观性的。从这点上去理解，学习就是一个解决内在认知冲突的自我调节过程，这些冲突经常通过具体的练习、讨论和思考变得明显。'（Brooks&Brooks，1993：ⅶ）"（Sandholtz，Ringstaff&Dwyer，2004：13）建构主义理论所形成的对知识和学习不同于以往的新认识，给汉语国际教育师资培养工作带来新的启示，由此也可以促成这项工作得到更好的发展。

一、建构主义理论对学生所学知识的新认识对汉语国际教育师资培养的启示

建构主义理论并非全然否定知识的重要性，仍然认为知识的建构在学生的学习过程中是非常重要的，但同时又认为学生对所学知识通过建构的方式学习可以获得更好的效果。"当学习的深度和充分理解内容成为教学目标时，知识建构是帮助学习者理解并且深化内在想法、帮助他们开发使用技能和概念去解决问题的环境、帮助他们探索或者产生想法、归纳和系统化知识的更有效的方法。"（Sandholtz，Ringstaff&Dwyer，2004：15）显然，学生的知识建构不同于以往，建构主义理论中的知识是由学生探索而得来的，知识的性质已经变为不是事先准备好然后给定给学生，对所要学习的知识要由学生来确定和完成对其的掌握。

在建构主义理论之下，学生掌握的知识不是私密的，他们掌握知识的途径变为公开，掌握知识的成果通过公开而得到共享。"学生们知识累积的活动应该是开放性的建构。学生们的知识、新的想法、模型、绘画、写作都应该公开，大家共享。这些成果需要来自同学们的评价，需要给父母看，需要呈现给专家组进行严格的检查和评估。这个过程还可以发现和改正一些错误的概念，为学习任务明确目标。"（Sandholtz，Ringstaff&Dwyer，2004：14）在这种情况下，学生们所要做的已经不是像以往那样被动地接受知识，

而是主动去探索。"学生需要意识到他们的工作是重要的,他们所做的一切都是很有意义的,其他人会对他们的发现感兴趣。个人知识的分享使得课堂更成功。它引入了探险的精神,促使学生更加仔细和深入地询问。"(Sandholtz, Ringstaff& Dwyer, 2004:14)可以看出,建构主义基于对知识的新认识所提倡的新型学习方式可以达到多方面的学习效果,给学生带来多方面的益处。因此,要培养汉语国际教育师资在汉语教学中对学生同样也不能再采取"灌输"的方式,使他们有能力设法创造机会,并且引导学生自主建构自己的汉语知识系统。

二、建构主义理论对学生学习的新认识对汉语国际教育师资培养的启示

建构主义理论对学生所学知识形成了新的认识,也由此带来了对于学习这些知识的方式的新认识。有学者提出:"建构主义认为,学习是建构内在的心理表征的过程,学习者并不是把知识从外界搬到记忆中,而是以自己已有的经验为基础,通过与外界的相互作用来建构理解的。"(程可拉,2006:83)建构主义理论认为学习要依靠学习者已有的认识来进行,已有的知识对新的认知发展有帮助的作用。

建构主义理论认为学习活动是需要依靠学习者的主动行为来完成的,实际上若没有学习者的主动作为学习根本无从谈起,因为在建构主义理论看来学习并不是依靠死记硬背地获取事实性的知识。"建构主义强调的是解决问题、发展概念和有判断力的思考方式,而不是简单地获知事实知识,在这个框架中,学习被看作是学习者主动进行的活动,而不是别人强加给学习者的。"(Sandholtz, Ringstaff& Dwyer, 2004:178)可见,建构主义理论之下的学习更能发挥学生的主动性、积极性和创造性,达到更好的学习效果。汉语国际教育师资要有意识地创造条件发挥而不是抑制学生学习的主动性和积极性,并且想方设法寻求机会利用学生已有的知识和经验使其达到更好的学习效果。

建构主义理论非常重视学习过程中的意义,倡导在教学中引导学生开展有意义的建构性学习活动。"建构主义学习理论认为,学习的过程就是学习者在一定的情境中,借助于其他人(包括教师和学习伙伴)在协作与会话,利用必要的学习资料,通过意义建构的方式而获得知识的过程。学生的知识是通过学生的自主学习获得的,而不是教师传授的。在这个学习环境中,情境的创设必须尽量真实,必须有利于学生对所学内容的意义建构。与他人的协作必须贯穿于学习过程的始终。"(李柏令主编,2010:14)可以发现,建构主义理论更加提倡通过学生之间的交流互动完成意义建构的任务,并且这种交流互动活动是教学过程中的主体性活动,这也对汉语国际教育师资培养有着多方面的启示,汉语师资要注意避免对汉语结构形式的枯燥操练,要给学生创造有意义学习的机会,提供真实的学习情境,以便学生能够自主地开展学习活动。

三、在汉语教学中贯彻建构主义新认识可以带来教学的变化和发展

在建构主义理论新认识的基础上教师开展汉语教学与以往有什么不同,有国外的学者提出的一些教学原则会对我们有所启发:"教育者要遵循建构主义学习观为学生设计学习过程,布鲁克斯等(Brooks& Brooks,1993)提出了以下五条教学原则:提与学生相关联的问题;学习围绕核心概念而进行;了解并尊重学生的观点;课程要符合学生的见解;在教学情境中评价学生的学习。我们添加了第六条:把学习看作是建构的过程,就要求教育者选择能够支持知识建构的工具和活动。"(Norton& Wiburg,2002:51)可以看出,要贯彻建构主义理论就要在教学中体现"以学生为中心"的理念,并且在教学的各个环节和诸多方面真正落实。

在教师进行课堂教学的设计和具体实施时,就要以平等的观念和意识来对待学生,这是学生的知识建构和新型学习方式的必然要求。"在建构性的课堂中,学生们的工作主要是问题学习和项目学习,有时候会涉及超出他们现有能力范围的问题(Barron et al.,1995;Brown& Campione,1994),这时,教师和学生都成了学习者,教师必须把工作重点放到如何帮助学生学习上,而不是像以往那样把知识直接传递给学生。同时,还要有一些各领域的真正专家帮助教师和学生达到他们的目标(Scardamalia,Bereiter,& Lamon,1994)。"(Norton& Wiburg,2002:263)在贯彻建构主义理论的课堂上,教师的帮助作用仍然重要,因为学生还不能在任何时候都可以独立完成所有的学习任务,还需要教师起到辅助的引导作用。

建构主义理论所倡导的这些教学原则和理念对汉语教学都非常有启发,因为汉语教学是以培养学习者的汉语交际能力为主要目标,而交际能力的获得更加需要学习者的主动建构,但是又离不开教师随时的帮助和指导,因此提倡学生的主动建构并不意味着教师就放手不管,教师还要起到多方面的作用,并且在学生学习的过程中扮演着多重的角色。

在建构主义的启发下汉语教学的研究者们也积极探索教学的变革和发展,有学者甚至提出了"建构主义的对外汉语教学模式":"在这种模式下,学生是知识意义的主动建构者;教师是教学过程的组织者、指导者、意义建构的帮助者、促进者;教材所提供的知识不再是教师传授的内容,而是学生主动建构意义的对象;媒体也不再是帮助教师传授知识的手段、方法,而是用来创设情境、进行协作学习和会话交流,即作为学生主动学习、协作式探索的认知工具。显然,在这种场合,教师、学生、教材和媒体等四要素与传统教学模式相比,各自有完全不同的作用,彼此之间有完全不同的关系。"(李柏令主编,2010:15)在建构主义理论启发下所形成的新型教学模式,还需在教学实践中进一步完善和细化。建构主义理论所带来的对知识和学习的新认识必然带动甚至倒逼我们的教育教学发生变革,

以适应知识掌握和学生学习的新变化,这也是汉语教学顺应世界教育教学发展潮流的必然途径。

第四节　国际中文教育师资培养待解决的认知偏差问题

对于汉语国际教育师资培养的课题,学者已经进行了许多研究,取得了许多有益的研究成果,但是在一些研究里存在着认识上的偏差,这些认识上的误解和偏差会对汉语国际教育师资培养产生不利的影响,所以我们应当注意探索适合汉语国际教育人才培养的新方式,用带有充分说服力的培养成果消除这种认识上的偏差,由此可以着手解决认识上的偏差带来的问题。

一、解决对汉语国际教育师资培养内容和培养方式的认识偏差带来的问题

对汉语国际教育师资的培养是在有限的时间和条件下进行的,要想利用好这有限的时间和条件达到良好的培养效果,就要对培养的内容精挑细选和精心安排。但是有学者提出了这样的看法:"如果说一般的教师教育的内容是学科和教育知识两方面,那么汉语教师教育的内容则具体一些,包括汉语语言学知识和汉语教学知识两方面。"(蒋小棣,2009:13)这里所提出的一般教师教育和汉语教师教育内容显然都是不全面的,还停留在重视知识教育的传统观念上。对于汉语国际教育师资所面临的教育教学任务而言,这样的培养内容存在着明显的不足,对汉语师资的培养要涉及的内容更为广泛,除了涉及普通语言学和汉语语言文字相关知识以及汉语教学的知识和技能外,至少还应包括掌握外语交际能力、中华文化知识和才艺能力以及跨文化交际能力等广泛的内容。

在培养汉语国际教育师资时,必然要对他们进行培训,但是进行培训时的具体教学操作方式,学者们提出了不同的看法,有学者认为系统的知识讲授仍然是必要的:"就知识板块而言,有的老师提出,研究生的课教师要少讲,充分调动学生的积极性,例如让学生广泛阅读、采取任务式教学法等,诚哉斯言。但是,也应清醒地看到,尽管可资阅读的文化读物、文化教材汗牛充栋,但由于课时有限,以及学生知识背景或结构各异,单纯的阅读不能很好激发学生的兴趣,更难以激发对母语文化的认同感。从这个角度出发,教师有效讲授的作用还是不容忽视的。有些理念和知识还是需要凝练并加以特别引导。"(宁继鸣,马晓乐,2013:107)在汉语国际教育师资培养的过程中讲授的教学方式仍然是不可少的,这种主张固然并非没有一定的道理,但是汉语国际教育作为实践性很强的学科以及汉语国际教育师资将要面临的教学实践,都要求培养工作不能仅依靠知识讲授的教学方式,

要把培养汉语师资的教学能力和技能放在重要和突出的位置。这种主张实际上还是放不下传统的教学方式，或者放心不下新型教学方式（如任务型教学方式）在培养适应汉语国际教育新形势的教学人才方面的作用和效果，这种带有某些偏差的认识会对师资培养工作带来不利的影响，应当探索适合汉语国际教育人才培养的新方式，解决认识上的偏差带来的问题。

在汉语国际教育师资培养方式上，还有学者提出依靠合作办学的方式大量培养人才："笔者认为最快、最有效、最实际、最经济的方法就是国内大学通过合作办学的形式在海外各地（各国）设置 MTCSOL 课程，培养境外高水平汉语教师，再以这些教师为星星之火，带动整个国际汉语教学呈燎原之势。"（蒋小棣，2009：4）实际上，合作办学要受方方面面许多的条件限制，并不是"最实际、最经济"的方法，如果大面积地、全面地并且主要依靠合作办学的方式培养汉语国际教育师资，恐怕并不能"最快、最有效"地培养汉语国际教育事业急需的大量教学人才。尤其是在开始阶段，汉语国际教育师资的培养还应首先依靠在中国境内培养这种资源最为充分、培养最有把握的途径，可以将合作办学作为一种补充，实际上我们也是在这样做的。而且培养境外本土汉语教师也不只是在海外设置课程开展教学这一种途径，在中国境内举办专门的师资培训班，可以更高效地培养汉语教学师资，因为在中国境内有着独特的汉语环境和培训师资等多方面的优势资源，而且就经济性价比而言也是最高的。

在不了解汉语国际教育在世界各地广泛开展的整体形势的情况下，如果盲目提出一些不适当的政策性、战略性建议，会对培养工作带来不利的影响。有学者就提出："关键是两校的合作，为内地院校走出去，在海外合作办学，为 MTCSOL 在海外的办学做出了开创性的工作，树立了一个成功的样板，同时也证明了在境外培训骨干教师的方式是行之有效的，是成功的，今后可以在其他内地院校中间大力推广，提高汉语在海外的推广速度、深度和广度。"（蒋小棣，2009：4）这里所提及的在香港开展汉语师资培训带有明显的特殊性，不足以证明其能够成为推广于世界各地的"样板"，也不足以证明"可以在其他内地院校中间大力推广"。对于这种以偏概全的认识上的偏差所带来的问题，我们在汉语国际教育师资培养工作中也要注意加以解决。

二、解决对汉语国际教育师资能力和行为的认识出现偏差带来的问题

由于对多年来在中国境内开展的汉语教学师资培养的不了解、不熟悉，以致有些学者出现了认识上的偏差，从而得出了不符合事实的结论，对我们所培养的师资轻率地做出了违反事实和常识的过低评价。"从 80 年代后期以来，每年国家汉办都外派汉语教师，数百名外派汉语教师承担着一小部分海外教学任务，他们虽然是科班出身，具备扎实的语言学

和教学理论知识，却缺乏实践经验，缺乏英语、跨文化交流等技能，所以不能胜任教学任务，仍属于质量不高之列。"（蒋小棣，2009：2）做出这样的断言的根据明显不足，这并不是基于真实的情况做出的理性的、合乎事实的判断，这里所说的"缺乏实践经验，缺乏英语、跨文化交流等技能"显然不符合大多数汉语教师的情况，尤其是对这里所说的"外派汉语教师"而言就更非如此。产生这种带有偏差的认识固然不足为奇，但是对于其不良影响还是要通过提高师资培养质量从根本上解决问题，这种带有偏差的认识也可以随时让我们警醒，促进我们努力做好汉语师资培养的工作。

有些教师由于对任教国家的教育文化了解不充分，存在着教学处理方式不适合当地国情的情况，但是这不是普遍存在的情况，多数是由于个别教师个人的特点所产生的问题。例如，有学者提及："在教学中，涉及对学习者不太容易理解的语言点或是不易改正的错误时，老师说话声音的大小和语调的高低，是否能掌握好抑扬顿挫的节奏，都会影响学习者的情绪。如果运用不当，有可能会的无意中造成学生的反感与敌视，他们会认为你非常aggressive（有攻击性的）。"（翟燕，2013：139）避免一些过于强势的做法和语言表达，的确是汉语国际教育师资应当注意的问题，但是不能过度强调这一点，使他们不能以积极、热情的精神面貌去开展汉语教学，不能主动地与学生建立良好的沟通关系。汉语国际教育师资固然应当注意这类问题，但也不要对受训者过度强化这些问题，使其在教学过程中畏首畏尾，不能施展自己的能力。教师本身所要面临的课堂教学压力很大，应当尽量给他们减压，同时也要考虑到学习者对教师的理解度和谅解能力，汉语师资要掌握好纠错和管理学生的方式方法，这些是可以通过师资培养达到令其随时注意和及时纠正的目标。

对于汉语国际教育师资应当提出高标准、严要求，但是也要符合实际情况，符合汉语教学的发展规律和汉语师资专业发展的规律，如果提出的标准过高、要求过严，可能会适得其反。例如，汉语教材的编写工作实际上对教材编写者提出的要求是很高的，要编写出高质量的而不是粗制滥造的汉语教材，就不是每个汉语教师都能胜任的工作。对于这样一项重要的工作以往的认识存在着偏差，没有认识到教材编写的难度和严肃性，不适当地认为每个教师都应当具备这样的能力。有学者就提出："作为一名合格的海外大学汉语教师，应该具备独立创编具有较强针对性和实用性的教学材料的能力。即使有教科书，但因为面对的学习者情况各异，汉语教学又是处在社会和语言迅速发展的大环境中，为了使教学内容更有实用性，教师根据教学需要创编辅助材料或教材就成了教学中的一个重要环节。"（翟燕，2013：141）这实际上对汉语教材的编写存在着认识上的偏差，轻视教科书的编写，教科书的编写不仅是一项"吃力不讨好"的工作，而且是一种难度极高、要求极严的工作。但是很多教学者和研究者不这样认为，没有真正对此重视并形成正确的认识，随便临时抓一些材料，粗陋地进行编写也并非不能在教学中使用，但是这不是高的要求，是一种勉强凑合，降低了教学水准，至少是降低了教学内容的水准，造成的不良后果就是教学内容粗制滥造、随意性强。对于从事汉语国际教育工作的新手教师不应当这样要求，可以作为他们今后的一个专业发展的方向,可以在以后的工作中逐步积累经验,但不能要求他们马上达到这样的水平,即使是编写教学辅助材料的能力也要通过专门的培训使他们掌握相关的方法而逐步获得。

汉语国际教育师资在开展汉语教学,尤其是在海外开展汉语教学时,要面对各种各样复杂的教学情况,包括学习者的复杂情况。汉语师资所要面对的不仅有出色的学习者,也有学习能力和学习动机不强的学习者。"一个好的学习者往往能够很好地发挥他的主观能动性,善于采取有效的学习方法。因此,在第二语言教学中,教师的作用并不是决定性的。教师应该把学习的责任归还给学生,让他们充分发挥主观能动性,为自己的学习负责。"(钱玉莲,赵晴菊,2009:9)汉语国际教育师资只寄希望于遇到"好的学习者"是不现实的,在面对并非那么"好"的学习者时如果汉语师资不努力想方设法提高他们的学习能力并增强他们的学习动机,教学结果将令人担忧。汉语师资使学生为自己的学习负责的意识固然重要,但不是每一个学习者都能养成对自己的学习负责的责任感。汉语国际教育师资对其应该承担的任务和责任如果没有很好地承担起来,而着眼于和承担着不重要或不应该承担的任务和责任,甚至可以说回避了应该承担的重要的任务和责任,这并不利于学习者的成长,包括他们在语言交际能力方面的成长。

三、避免对中国培养的汉语国际教育师资的偏见给工作带来的不利影响

有些学者,特别是一些海外学者对中国所培养的汉语国际教育师资存在着片面的认识,而且这种认识上的偏差还会导致偏见的产生,例如,有的学者就只是片面地强调本土汉语教师的优势,忽视或否定中国汉语国际教育师资的优势。"本土汉语教师占有很多来自中国的汉语教师所没有的优势。首先,他们无须异地文化适应期;其次,在校教师都已获得本国政府承认的符合本国教育理念的教师资格,是正规学习的教育者;第三本土教师了解本土学生学习汉语的特点和需求,可以实施具有针对性的汉语教学。此外,来自中国的汉语教师与当地人有一定心理距离这是不争的事实。"(金椿姬,2013:167)这里所列举的是中国教师一些枝节的非优势,并不足以抵消中国教师优势的主要方面,而这里所列举的本土教师的优势(有些是否能够称为优势还需商榷)也不足以弥补其劣势,因为汉语教学的核心是语言教学,是围绕着作为目的语的汉语来进行的,这是最为根本的。在汉语国际教育中派出中国汉语教师和汉语教学志愿者,并非就是不依靠本土教师,更没有造成中外汉语教师对立和竞争的意图以及取而代之的意图。中国培养汉语国际教育师资的主要目的,是解决世界汉语教学师资严重缺乏的燃眉之急,这些汉语师资并没有进入本土汉语教师擅长和已经占有的领域,也就是说,中国在外派汉语师资时已经非常注意不带来对本土教师的传统领域的竞争,而且还会有互相帮助、互相促进和提高的良好作用。至于进一

步培养各国本土的汉语教师,的确是海外汉语国际教育下一步发展应当考虑的方向,但就目前的情况而言,远水解不了近渴,大量的汉语教学师资的培训,还是要由中国承担。而且这与对本土汉语教师的培养并不矛盾,这方面的培养工作长期以来也一直在进行着,甚至还包括由中国政府提供全额奖学金培养高层次汉语教学师资的工作。

在有些学者的相关研究论述中,对汉语国际教育师资在海外开展汉语教学时的一些做法也存在着偏见,对教学内容存在着不公正的指责。"换位意识要求教师不把中国人看待事物的视角强加于汉语学习者,尊重他者价值观表达。例如教学生唱中国歌时,汉语教师也许觉得现代中国民歌甜美、明亮,或者是高亢、悠扬,实在是一种美的享受。但对于那些从来没有接触过中国的汉语学习者来说,可能怪异要多于美妙。"(金椿姬,2013:165)这里所举的例证并不适当,因为并没有能够说明教唱中国民歌与不尊重外国学习者价值观之间的关系,以及这样做是如何"把中国人的视角强加于汉语学习者"了。这种没有根据的以偏概全的评价所得出的结论是片面的、轻率的,没有事实和理论的依据,并且其中还存在着对中国民歌的偏见。在汉语国际教育师资开展汉语教学时必然要面对跨文化交际的问题,依据跨文化交际理论,对于解决在跨文化交际中由于文化差异导致的问题,互相了解、平等相待是最为重要的根本原则。笔者在海外开展汉语教学时,曾借助汉语教材《新实用汉语课本》中所附的《康定情歌》等中国民歌材料开展教学,取得了良好的教学效果,笔者亲身经历证明中国民歌教学很受海外学习者的欢迎。

有些学者在研究中国汉语师资的情况时,经常拿他们与国外本土教师进行对比,我们不反对也不畏惧进行这样的对比,但是这种对比要建立在共同的标准、基点和内容的基础上,而不能进行"田忌赛马",如果用长处比短处的话,这样比较得出的结论会不公平、不科学。有研究者就提出:"我们发现在克拉科夫进行汉语教学的本土教师,无论汉语水平的高低,对中国文化都有着良好的理解和认识,与之相比,中国教师对波兰的语言和文化却都不甚了解,这种隔阂也给这几个教师的课堂带来了一些困境。因此我们在对中国教师培训时,应加强教师对所赴国语言和文化的学习。"(吕妍,2013:198)进行不同国家汉语师资之间的比较研究是不能这样进行操作的,这种先入为主地以短比长得出的结论难以客观,当然中国教师应当理解甚至掌握当地的语言和文化,但是在这方面显然无法与当地的教师相比,因为他们不是学习波兰语言与文化专业的,同样要求外国本土汉语教师达到与中国教师一样的汉语水平和中华文化掌握水平也是不切实际,不仅难以实现而且是强加于人的。汉语国际教育师资也许可以通过培训和自学掌握一些小语种的语言和文化,但对他们的要求不能太高。

有学者提出既然大部分的汉语学习者分布在海外,汉语师资的培养也要在海外进行,所依据的就是在中国培养汉语师资"是一种行政式的做法",并且得出结论说"不会收到很大效果的":"现在的问题是,99.5%的汉语学习者在海外,海外急需汉语教学骨干人才,而我们却要把培训人才的根据地设在内地,然后把经过培训的人才派出国去执行汉语国际推广的重任。笔者认为,这是一种行政式的做法,不会收到很大效果的,有了前车之鉴,这样的人才虽然学历高了一些,但是仍然不能承担教学任务。"(蒋小棣,2009:3)这种主张看似合乎逻辑、顺理成章,实际上是没有科学根据的,而且所谓"这样的人才虽然学历高了一些,但是仍然不能承担教学任务"更是一种没有经过调查就轻率断言普遍性情况的武断指责。在内地培养汉语教学骨干人才,有着语言环境、培训师资、学科优势等种种超出海外的便利条件,事实也证明多年来这种人才培养的方式是卓有成效的。把内地与海外的汉语教学人才培养对立起来,也是罔顾事实、毫不科学的,在两地的汉语教学人才培养并不矛盾对立,而是存在着许多相互交流和借鉴的可能。

有学者还比附中国基础英语教育来看待汉语国际教育的情况,如果忽视两个学科具有很大的差异和开展的条件也完全不同就将两个教学领域轻易地等同起来,这样得出研究结论未免轻率。例如,在有的论著里就提出:"我们能否易位设想一下,中国的基础英语教育过去是在外国帮助下完成的吗?今后中国若想进一步提高英语教学水平,则应该寄托于从英语国家大量输入接受过第二语言教学训练的外国教师吗?"(蒋小棣,2009:3)在国情背景不同的情况下进行"易位"是否合理且不说,我国英语教育的早期肯定是有外国教师,而且在所有教师中占比肯定很大(例如传教士阶段),仅就目前我国汉语国际教育仍然处于初步推广和初期发展阶段而言,大量外派中国汉语师资是唯一可以尽快推广汉语教学、满足在海外广泛开展汉语教学的需求的最佳途径,本土化是要继续进行的汉语教学发展的第二步。

有些研究教育教学的学者对"东方"教育教学的特点存在着不科学的偏见,当然其中也包含着对中国教育教学方式存在着的认识上的偏差。虽然存在着个别的强化竞争的情况之下的应试教育,但是真正优秀的教师和学生都不存在这样的情况,而且中国教育教学的发展会越来越多地摆脱这种情况,因此对中国学生、家长和教师存在的"刻板印象"式的看法是不正确的。有学者就提出:"过度的竞争使东方的家长忧心忡忡,为了保证他们的孩子在疯狂地竞争中不被淘汰,他们想尽办法。例如,许多家长为孩子请家教,一些甚至采用贿赂手段,希望他们的孩子在即将到来的考试中取得好成绩。对这些家长来说,优秀的教师不是培养孩子学习兴趣的创造性教师。优秀的教师是给学生布置许多作业,并督促他们完成的严格教师。"(Ng,2005:2)显然这种对东亚、东南亚等亚洲地区的教育文化提出的"刻板印象"式的研究结论存在着偏见,不应该这样以偏概全地看待中国的广大教师,包括汉语国际教育师资。当然这种看法也给我们的汉语国际教育师资培养的工作提了醒,我们在培养工作中也要注意避免出现这样的倾向。

四、解决对汉语国际教育师资道德品行要求的认识出现偏差带来的问题

对汉语国际教育师资的道德和品行方面提出要求是十分必要和非常重要的,但是也不能提出超出与同等学力的其他人一样的过高要求,因为这样的要求实际上是一种苛求,如果对他们求全责备也并不能使他们健康、顺利地成长。有学者就提出:"有些研究生政治素养欠缺、理想信念淡漠,缺乏青年人应有的远大抱负和社会责任感,他们的世界观、人生观、价值观往往倾向于个体自我,在思想和行为上多以个人利益为重,以个人得失为准。有些人受大环境不良风气影响,功利主义思想严重,以金钱、物质利益为人生奋斗目标,蔑视对精神世界和崇高人生的追求。我们认为,研究生群体作为社会精英,理应成为全社会的道德楷模。"(鲍震培,2012:318)这里所提出的一些研究生的缺点确实存在,但是并非普遍现象,而是个别人的情况,实际上与整个社会的情况是一致的,研究生群体固然并非道德净土,但是绝大部分还是好的。所以这样的论断未免偏失太多!也许有些研究生的精神世界水准低,但是道德是个体的选择,研究生应该道德高尚。良好道德品行的建立是全社会每一个人的任务,而不仅仅与研究生的角色身份有着特殊的关系,研究生的价值和特殊性不仅体现于此。我们并不是否认道德的重要作用,在建立社会主义道德方面研究生没有例外,不存在任何特殊性,道德确实是对研究生的要求,同时也是对社会上每一个公民的要求,无一例外,与社会身份无关!至于"道德楷模",显然是对研究生群体的过高要求,甚至是苛求,这种要求是不切实际的。另外,我们并不提倡牺牲个体的利益,来达到道德教化的目标,如果这样做恐怕会带有道德绑架的意味,会压制个体的充分发展和不顾及个人利益的保障。

对我国公民进行社会主义道德教育和培养,是贯穿全社会每个公民一生的重要任务,在培养研究生的阶段也不例外,但是专门针对研究生过分强化这一点,则难免出现偏差。有学者就提出:"要把德育融入专业学习的环节中,充分发掘知识中所包含的对学生进行道德教育的可能性,通过潜移默化的方式作用于学生的精神世界,使知识触及灵魂,转化为做人的信念。"(鲍震培,2012:318)实际上对研究生的选材工作更为重要,在培养的过程中首先要选对培养对象,在选拔培养对象阶段就要把好关,要通过选择德才兼备的培养对象解决问题。

对于汉语师资在国外工作时出现一些品行方面的问题要重视,但是也要客观、冷静地加以分析,正确地看待这些问题。有学者却过于强调这些在国外发生的问题:"在国外期间我接触了一些派出教师,有的人并不缺乏一般意义上的人格,并且性格外向,有较强的沟通交际能力,但是却在国外日常生活中感到孤单寂寞莫名烦躁,或者在人际交往中过于敏感和诸多不满,终日牢骚满腹,斤斤计较个人恩怨得失,严重的故意制造事端,影响同事之间的团结。有的自私自利,损人利己,占小便宜,搞两面派,不遵守学校规定,引起

国外同事反感，造成对中国教师不好的印象。"（鲍震培，2012：320）其实这里列举的有些问题与在国外工作无关，而是他们个人品行的问题。即使是在国内工作他们也是如此，这里也许有跨文化交际适应能力的问题，确实需要在培养汉语国际教育师资时加以注意并采取有效的措施帮助他们解决这方面的问题。但是如果过分强调个别汉语师资不良品行的一面，而不考虑他们良好表现的一面，则显然失之偏颇，这些外派汉语师资并非一无是处，局部的、非主流的情况并不是大部分汉语师资的情况，要对他们进行客观、公正的评价。

我们并非要否认对汉语国际教育师资进行高尚其道德、修炼其品行的教育，这方面的教育是非常重要的，师资培养工作中也不应当忽略这项重要的工作。对于汉语师资个人修养的提升，有学者结合中国传统文化中的道德准则提出了一些建议："在独立的工作环境中有以下几个人格完善的方面特别值得注意：一是要学会宽容忍耐，君子坦荡荡，对人对事要豁达大度，……二是有慎独精神，无人监督的环境中保持善良天性，言行一致，……三是己所不欲，勿施于人。凡事多为别人着想，急别人之所急，宽以待人，严于律己。……四是要有奉献精神，合作的态度，多工作，少索取，不计较个人的得失，尽量克服暂时的困难，……五是真诚待人，坚持自己人格完善的原则……"（鲍震培，2012：320）在中国境内培养这些品德要结合汉语师资将要面临的工作环境特点来进行，这样更有针对性，同时在教学方式上可以采用合作学习的途径。

实际上，有些初入职场的汉语国际教育师资赴海外实习就是进入社会，他们同样必然要面临任何一个人在社会身份转化时所要面对的社会人际关系问题，对此也要通过结合他们亲历的实践来培养、教化，与此相时，汉语师资行为举止的得当，也要通过实践性操作来培养。如果处处对汉语国际教育师资里的新手教师存在着苛求，则汉语国际教育事业就无法壮大发展了，所以在师资培养的过程中要注意解决对汉语国际教育师资道德品行要求上出现的认识偏差带来的问题。

第七章 国际中文教育专业建设与人才培养

第一节 "双一流"背景下国际中文教育本科专业建设

2015年8月18日,中央全面深化改革领导小组第15次会议审议通过《统筹推进世界一流大学和一流学科建设总体方案》,决定统筹推进建设世界一流大学和一流学科建设,实现我国从高等教育大国到高等教育强国的历史性跨越。2015年11月5日,国务院公布《统筹推进世界一流大学和一流学科建设总体方案》,正式吹响了中国大学冲刺国际前列的冲锋号,揭开了新一轮中国大学发展的序幕。

上述文件明确指出,"双一流"建设要"坚持立德树人,突出人才培养的核心地位"。为了落实这一指导思想,教育部副部长林蕙青指出,推进世界一流大学和一流学科建设要大力建设一流本科,将建设一流本科教育列入"双一流"建设实施方案,加以整体推进。"一流的本科教育是一流大学的重要基础和基本特征,建设一流大学必须建设一流本科"(林蕙青,2016)。近年来,建设一流本科的命题引起了教育管理者和研究者的广泛关注和热议,一些学术报刊纷纷推出专栏进行研讨,例如《光明日报》就专门推出"建设一流本科"专栏,倡导通过理念的探讨和实践的交流,促进我国高等教育质量的关键短板——本科教育的质量提升。

在"双一流"建设新形势下,如何建设一流的汉语国际教育本科专业再次受到对外汉语教学界的重视。目前开设汉语国际教育本科专业的高校已达300多所,各个高校的情况千差万别。根据不同高校的目标和使命,结合汉语国际教育专业的特点和本科人才培养实践,这些设置汉语国际教育本科的高校大致可以分为五类:语言类高校、师范类高校、侨务类高校、综合性高校及其他特色类高校。在前三类高校中,汉语国际教育与学校的总体目标和办学特色比较契合,通常是得到学校重点扶持的学科和专业。与之相比,在综合性大学中,由于学科门类齐全,强势学科林立,带有一定程度师范性质的汉语国际教育专业通常处于弱势地位,所处的学科生态环境与语言类和师范类高校的情况存在较大差异。本节以南京大学为例探讨在综合性大学的"双一流"建设中汉语国际教育本科专业建设面临的挑战和出路。

一、新形势下汉语国际教育本科专业建设面临的挑战

（一）不利的学科生态环境

综合性大学的特点是学科比较齐全。众所周知，任何大学的学科发展都不可能一般整齐，在建设一流学科的过程中也不可能平均用力，而是有自己的学科重点，这就是学科生态效应问题。教育部教育发展研究中心教育体制改革研究室主任王烽指出，"双一流"建设与过去最大的区别，也是最大亮点，在于以学科建设为基础，学校入围"双一流"是以优势学科和人才培养的发展水平为依据的。因此，入围"世界一流大学"的学校，将会向学校中的重点学科倾斜，而普通水平学科在"双一流"建设中可能遇冷（杨凯奇，2016）。同时那些未入围的学校，也会集中力量发展优势学科，以便以一流学科入围。从目前的情况来看，在综合性大学中汉语国际教育专业普遍处于弱势地位，这种不利的学科生态环境给建设一流汉语国际教育本科专业带来了巨大的挑战。

（二）本专业所依托学科的飘移性

大学是围绕学科建构起来的，学科是大学的组织基础和立学之本，是相对独立的知识体系，专业则是高校培养人才的一种方式，是不同课程的组合。在"双一流"建设中，一流的学科建设无疑是重中之重，可以说没有一流的学科，就没有一流的大学。"双一流"建设的技术核心突破的关键是"学科、专业、课程一体化建设，基础是学科建设"（周光礼，2016）。由此可见，专业建设需以学科建设为依托。而从目前的情况来看，汉语国际教育的学科性质或者学科归属仍缺乏共识。例如，根据教育部的学科目录和专业代码，汉语国际教育本科专业属于中国语言文学类，而汉语国际教育专业硕士则属于教育学类。本科和硕士不属于同一个大学科门类，显示了本专业所依托学科的属性不明。在开设该专业的众多高校中更是出现了各自隶属不同学院和学科的乱象，"有的在汉语国际教育学院（各校名称不同），有的在外语学院，有的在文学院，还有的在管理学院"（林秀琴，2014）。面对本专业所依托学科的飘移性，人们不禁要问：汉语国际教育究竟是一门独立的学科，还是中国语言文学、外国语言文学、教育学、新闻传播学抑或其他学科的下位学科？如果连基本的学科属性都不能确定，没有稳定的依托学科，就无法在"双一流"建设中扎根发展。

（三）本专业人才培养面临的改革挑战

南京大学校长陈骏院士指出，"我国高校在人才培养中常常过早过紧地将学生进行分类限制，容易消磨学生的个性，制约学生自我发展的空间。要培养出未来各行业的领军人才，必须给予学生充分的自主选择权，使学生从被动学习转为主动学习，使学生每人都拥有成才的多种途径"（姚雪青，2013）。为创建中国最好的本科教育，为全体学生提供充分的个性化发展之路，自2009年秋季开始，南京大学启动本科教学改革，推行"三三

制"人才培养模式。所谓"三三制"人才培养模式，就是将本科培养过程划分为"大类培养""专业培养""多元培养"三个阶段和"专业学术""交叉复合""就业创业"三条发展路径，给予学生个性化、多样化培养（陈骏，2015）。"三三制"本科教学改革取得了显著成效，获得第七届高等教育国家级教学成果特等奖。在已有教学改革成绩的基础上，2016年南京大学又启动了新一轮本科教育改革。新一轮改革将围绕本科"大类招生和分类培养"全面展开。学生入学时不分专业，汉语国际教育本科将与文学院、历史学院、哲学系、新闻传播学院的各个专业组成人文大类招生，学生入校后，经过1~2年的通识教育大类培养，再根据兴趣和双向选择原则进行专业分流。在这种新的人才培养模式下，我们需要仔细思考、认真规划如何才能把握好与其他强势学科和专业的竞争挑战与合作机遇，如何依托综合性大学学科门类齐全的优势，整合全校资源办好汉语国际教育本科专业。

（四）本专业师资队伍建设面临的挑战

建设一流师资队伍是中央"双一流"建设方案提出的五大建设任务的首要任务。在综合性大学中，一般越是强势的学科，在学校中的声音越大，越能得到锦上添花的支持；而弱势学科在学校中的声音比较微弱，有自己的主张也不受重视，即使是雪中送炭的支持也往往不易获得。近年来，随着我国高等教育的快速发展，高水平大学的教师聘任条件也水涨船高。由于汉语国际教育专业核心学术期刊少，发表高质量学术论文和获得国家级科研课题不易，与其他强势学科相比，本专业一般教师新聘高级职称十分困难。这种高标准一方面使得本专业难以从校外引进合适的专业人才，另一方面由于对青年教师聘任采用"非升即转"的方式，如果不能在规定时期内获聘高级职称，就要转岗或离职。这样内外夹击，使得目前本专业人才队伍建设出现了一些困难，面临核心专业人才不足、整体师资队伍青黄不接的困境。

二、新形势下综合性大学汉语国际教育本科专业建设的出路

（一）在宏观层面努力争取政策支持

目前综合性大学大都实行各学科一致性的趋同化管理方式，在管理体制、教师评价、科研评价和人才引进等各方面抹平了学科间的差别。这种整齐划一的管理体制，必然强化学科生态的"马太效应"：强者愈强，弱者愈弱。为了本专业的生存和健康发展，我们需要大力呼吁加强学科顶层设计和规划，呼吁建立体现学科差异的师资分类管理、学术评价和考核体系，树立平衡的学科生态观，实行学科分类发展。一流学科的内涵应根据学科进行区分，不同学科应具有不同的一流标准，通过在宏观层面努力争取政策支持，为汉语国际教育创造与其他学科和谐发展的大环境。

（二）融入学科平台，促进教师和专业发展

林蕙青（2016）指出，"在'双一流'建设中，要把提高教学水平和提高科研创新能力相结合，使一流学科建设与一流专业建设成为有机统一体、相互融合、相互支撑、相互促进"。周光礼（2016）认为，建设世界一流大学和一流学科核心是处理教学与科研的关系，关键是推进学科、专业、课程一体化建设。一流专业建设必须融入学科建设之中，只有依托一流学科的发展，才能获得教师和专业长续生存及发展的机会。汉语国际教育如果不能创建独立的学科平台，至少也要融入可以依托的所属学科平台之中。借力学科平台开展凝练学科方向、汇聚专业队伍、加强课程建设、创建学科基地、营造学术氛围等学科和专业建设措施，通过聚力搭台，促进教师、专业和学科的长远发展，构建起新形势下可持续的汉语国际教育人才培养学术支撑体系。

（三）建设适应新的大类招生和人才培养需要的课程体系

学校实施的"三三制"本科教学改革打破了院系壁垒，在全校层面整合了教学资源。从2010年起，南京大学所有本科课程面向全校学生开放。"三三制"增加了教学计划的"弹性"，以三阶段和三路径引导学生个性化成长，让学生得以拥有符合自身需求的成长"菜单"，拓展了学生自主学习的空间和时间。为适应学校下一轮教学改革所规划的大类招生、大类培养和本科通识教育的需要，我们一方面要依托综合性大学学科门类齐全的优势，整合挖掘全校资源办好汉语国际教育本科专业，另一方面要根据新的要求调整专业课程建设，大力提高与其他学院、其他专业相似课程的核心竞争力，同时重点打造体现本专业核心知识内容的专业特色课程，并"从学生知识结构和课程体系整体优化的角度，平衡好通识课程与专业课程、理论教学与实践教学、学科专业基础与职业技能训练之间的关系"（钟秉林，方芳，2016），建设好适应新的大类招生和人才培养改革需要的专业课程体系。

（四）开拓汉语国际教育（留本）专业建设

根据教育部《普通高等学校本科专业目录（2012）》的规定，汉语国际教育本科专业的培养目标是：培养具有熟练的汉语作为第二语言教学技能和良好的文化传播技能、跨文化交际能力，适应汉语国际推广工作，胜任多种教学任务的高层次、应用型、复合型、国际化专门人才。多年来本专业主要的培养对象为中国本科生，过去一些学校也有少数留学生进入本专业学习，不过在教学方式上基本上都是跟中国学生合班上课，并采用相同的标准进行考核。为了适应国际汉语教学新形势，更有针对性地加强汉语国际教育留学生本科（以下简称"留本"）专业的教学工作，目前部分学校开始对汉语国际教育本科中国学生与留学生进行分类培养。汉语国际教育（留本）专业是对现有专业建设和人才培养的有力补充，由于本专业建设可以增加学校在诸如QS等国际化指标上的分值，影响一流大学和一流学科排名，因而增加了本专业在学校平台上的影响力，受到了许多学校的重视。今后我们要以此为契机，大力开展汉语国际教育（留本）专业建设。

（五）着力提升专业核心竞争力，提高在校内外平台上的显示度

一个专业要想在综合性大学中安身立足，首先必须具有较强的专业核心竞争力，能够打造出本专业独有的学科架构、知识体系、课程体系，以及人才培养的专业能力，才可以在激烈的竞争中站稳脚跟。我们要把本专业现有的及潜在的资源通过各种有效措施转化为具有持续竞争能力的人才培养体系，从专业制度建设、师资团队建设、特色课程建设、专业人才培养方案、教学方法和实践措施等方面着力提升专业核心竞争力。同时，采取切实有效措施，在学校平台和学科平台上提高本专业显示度。为此，我们需谋划、设计一些新的措施。此外，在提高本专业教师学术显示度方面，汉办等国家主管部门可推出专项研究课题，学界可借鉴英语作为世界语言的经验组建多种学术组织，由主管部门或学术组织主持开展较高层次的学术活动，评选优秀学者奖或优秀成果奖，等等。在提高本专业学生学术显示度方面，可借鉴外语教学界的做法，开展全国性/地区性竞赛类活动，如全国大学生汉语国际传播能力大赛、全国汉语国际教育本科生学术论坛等。通过以上措施促进本专业教师和学生的发展，并提高在校内外平台上的显示度。

以上是在"双一流"建设背景下，结合大学的具体情况对本专业建设面临的新挑战所做的思考。我们深知，各校的学科生态环境、师资力量、教学资源、学生入学水平以及人才培养规格和目标等方面差异较大。因此，不能只用一把尺子来衡量全国的汉语国际教育专业建设。在"双一流"建设新形势下，本专业发展已经到了关键的转折点上，期待学界同人通力合作，仔细擘画学科和专业未来的长远发展，为建设一流的汉语国际教育本科专业做出不懈的努力。

第二节 国际中文教育人才培养需重视的问题

一、汉语国际教育专业培养人才的前提条件

第一，汉语国际教育，无疑是对外开设汉语课程，对外国人进行的一项语言教学。就需要首先培育出能够向外国人教授汉语内容、知识、技能的汉语教师，汉语教师需要具备较为扎实的语言功底、丰富的教学经验、较强的教学能力和突出的沟通能力，能够准确向外国人传授发音、句式规律、词汇含义等，这是对汉语国际教育专业教师的基本要求和标准。

第二，熟练运用外语。这里的外语，不只包含英语，还包括其他国家的语言。目前状况来看，很多汉语国际教育专业学生在毕业后去找寻教学相关工作，大概率会面试失败，尤其是一些较有实力和规模的知名教育机构，失败的主要原因是外语水平有限，不能满足面试单位的硬性要求和多元需求，外语水平的缺陷会影响教学过程中的师生交流，所以，

才需要熟练运用外语。因此，需要学生能够熟练掌握两门至三门外语，能够熟练进行互动和交流即可，那么，就业竞争优势也会大大提升。

第三，充足的教学知识和教学经验。想要培育新型语言人才，就需要匹配的专业教师具备充足的教学知识和教学经验，只因学生可能来自五湖四海，文化、语言、个性等多个方面存在较大差异，这就需要专业教师具备能够让人信服的教学知识，且需要借助丰富的教学经验，合理地对每一位学生实施学习帮助，让他们充分理解中国文化、中文内涵，才可做到"知己知彼，百战不殆"。

二、汉语国际教育专业培育人才现状

汉语国际教育专业设立的时间不长，设立目的是让世界更了解中国、了解中国文化，并借助中文的传播，实现经济、文化、教育等多个领域的交流和合作，也由此在世界范围内掀起了"汉语热"，吸引着越来越多的外国友人参与中文学习。伴随我国教育事业的快速发展，汉语国际教育较于往日已经有了较大幅度提升，培育了数量可观的汉语人才。据资料显示，我国的汉语国际教育本科专业已经实现了到硕士专业的过渡，更是由1985年的4所教育机构发展到2019年的149所，这表明中文及中国文化正在被全世界关注，正是由于学习中文人群规模的逐渐扩大，才致使汉语国际教育发展得如此迅速，当然也脱离不开我国整体教育事业的发展协助和影响。

当前，我国汉语国际教育仍旧在持续发展中，更是以孔子学院等多种形式，将教育延伸至海外各个地方，对于我国发展而言，具有较多好处和帮助，也使得越来越多的人认知到了中国文化、中文的魅力及博大精深，相信会在未来发展得越来越好。

三、汉语国际教育专业人才培养存在的问题

（一）汉语本体知识和教学技能的缺失

当前，国内大部分汉语国际教育都已开设中国文化、跨文化交际、课堂观察与实践、第二语言习得、中国特色社会主义等课程，但是对于汉语语言知识的教育存在着明显缺失，致使汉语语言知识教学存在滞后和乏力特征。另外，学生成分复杂，除了本科为汉语专业或汉语国际教育的学生外，还包括其他专业的学生，致使学生群体构成复杂、水平各样化。除了这些，针对不是本专业的学生而言，缺乏最基本的汉语基础，也就是汉语本体知识，不利于跟上教学进度和达成学习目标。值得一提的是，该专业学制一般为两年，这两年既要撰写毕业论文，又要答辩，留给学生的学习时间是有限的，自然对于教学水准要求甚高，但是目前的教学过程中，教学技能的缺失和不合理，也会造成人才培养计划宣告失败，不利于学生学好并掌握汉语语言。

（二）跨文化交际能力薄弱

跨文化交际能力薄弱，在师生身上均有体现。在汉语教师身上，主要是由于自身外语水平不高造成的跨文化交际能力薄弱，语言水平的受限，自然会直接影响与学生的交流和沟通，不利于起到预设的教学效果，对于培育汉语国际教育专业人才而言，是相当不利的。于学生而言，群体构成是复杂的，学生的交流能力也因此受限，再加上不积极主动地进行交流和互动，也会影响该专业学生的中文进步。汉语国际教育本就是跨国家、跨文化的专业，语言是造成沟通不畅、文化传递不透彻的主要因素，也只有解决了这一问题，才能够减少由于文化背景、风俗的不同和语言沟通不畅带来的矛盾和冲突，这样才能最终利于中国文化传播和传承。

（三）国际汉语教师人才流失严重

教师是教学的实施者，在教学过程中担任着重要职位，是与学生沟通互动的主要责任人，更是培育汉语人才的关键人群，当前我国汉语国际教育专业教育，面临着国际汉语教师人才流失严重的问题。追溯源头，主要是因为汉语学习者遍布世界各地，外派的教师有可能去发达城市，也有可能去到贫困农村，生活条件的巨大差异致使国际汉语教师人才流失严重，也由此造成了部分地区汉语教师稀缺严重。即使有部分教师被成功外派，也会面临是否继续从事此职业思路的干扰，会间接造成汉语教师的流失。除此之外，很多毕业生想留在国内进行教学，但是相对来说不如国外提供的职位多。因此，国际汉语教师人才流失严重是多方面原因造成的，这使得原本就不多的国际汉语教师变得更加紧俏。

四、汉语国际教育专业人才培养问题的解决路径

针对以上提及的汉语国际教育专业人才培养诸多问题，还需从源头入手，提出和落实合理的解决路径，才能解决这些问题、消除这些问题带来的影响，这样一来，汉语国际教育培育更多优质人才的目标才可更快达成。

（一）添设课程，解决汉语本体知识缺乏问题

为了进一步提高学生的汉语语言水平并解决汉语本体知识问题，需要添设一门新的课程，那就是现代汉语。现代汉语需要涵盖多种内容，如语音、词汇、语法、汉字，对于一些基础薄弱、非本专业的学生起到巩固汉语基础的作用，使他们的汉语本体知识得到巩固和提升，也使得学生遭遇的汉语问题在这门课程中得到有效解决，可成为选修课程。另外，对于也可结合部分高校的"八级证书学生免修基础英语课程"的教育手段，落实本科专业为汉语语言文学专业学生免修汉代汉语课程的权利，但是，非汉语语言文学专业的学生必须进行学习。其次，针对研究生第一学期即参与了汉语教师志愿者选拔的模式，在这里建议推迟该项活动，只因这个时候的研究生汉语基础并未打牢，需要在校将汉语知识打牢，再参与汉语志愿者活动。

（二）进行培训，提高汉语教师综合能力

针对汉语教师的教学技能缺失问题和跨文化交际能力的不足，需要全方位地给予汉语教师进修和培训机会，在校内要积极开展理论＋实践培训，由经验丰富、教学能力强的教师担任培训导师，确保全体汉语教师至少每周接受一次专业培训。另外，有条件的高校，还需聘请海外兄弟院校的专业及教授来校座谈，开阔汉语教师视野、汲取教学技术及教学经验。其次，还可为汉语教师提升外语能力，聘请各个国家的外教，使得汉语教师掌握多门语言等。为了让培训机制发挥应有作用，也为了短时间促进汉语教师有效进步，可在培训考核过后落实奖惩机制，给予物质奖励、进行实际惩罚，切实激发汉语教师的学习斗志和热情，也可将奖惩与绩效相结合，切实提升汉语教师对培训的重视程度，从而一心一意地投身学习，从而提升教学能力、丰富教学技能、充足教学经验、具备跨文化交际能力。

（三）激发学生主动性，提升跨文化交际能力

汉语专业教师要积极引导与鼓励学生自主地进行学习和探索，并尊重与体现学生的课堂主体地位，使得学生的学习主动性激发出来，还可组织学生参观高质量教学课堂，从中了解教授模式、预知未来教学可能遇见的问题，还可借此机会，探清自身问题、清晰自身能力，从而有针对性地进行学习和提升。另外，汉语教师要鼓励学生多主动与校内留学生进行交流，提前获知各个地域的不同文化、不同风俗，可间接避免文化、习俗等方面差异带来的矛盾和纠纷。为进一步提升学生的跨文化交际能力，还需要外派汉语教师提前归纳、总结班级学生的所在国家的宗教、政治、历史、风俗习惯等内容，并有针对性地用不同的方式与学生交流，使得学生可以借助教师的帮扶提升跨文化交流能力，才可进一步学好中文、了解中文背后的文化。

（四）满足外派教师的需求，减少国际汉语教师人才流失

面对国际汉语教师人才流失严重的问题，高校还需加强与海外机构的联系和对接，从而签署长期合作协议，并在协议中保障外派教师的各项权益，解决汉语专业学生毕业后的就业问题，也间接地增强对国际汉语教师人才的吸引力、黏着力，致使国际汉语教师人才长期在自身岗位上发挥"光"和"热"，同时以国际汉语教师人才的较少损耗弥补国外汉语师资短缺问题，这对于培育更多优质汉语人才有着重要意义。其次，要进一步健全教学、生活硬件设施，为国际汉语教师提供便捷的教学条件、优质的生活条件，消除汉语教师的担忧、坚定汉语教师的教学信念。值得一提的是，不管外派教师分派的地区为发达地区或是贫困地区，都要一视同仁，确保不同地区有不同政策，确保公正公平，尤其是经济欠发达地区的汉语教师，要加大福利补贴，以此留住更多教师人才。

综上所述，汉语国际教育专业人才的培养"任重而道远"，需要高校及汉语教师付出较多的精力和心血，更需要从多个方面、渠道入手，解决现有的问题和矛盾，使得专业人才培养道路走得通畅无阻。

第三节　国际中文教育质量标准和质量保障建设

新时代，随着中国国际影响力的日益增强和国际"中文热"持续升温，中文学习"小众化"很快转为"大众化"，全球对中文学习的需求助推着国际中文教育事业的蓬勃发展，同时提质增效、效益优先的内涵式可持续发展也逐渐成为业界一致的呼声。据官方公布的数据，截至2021年年底，全球共有180多个国家和地区开展中文教育，76个国家已将中文纳入国民教育体系，国外正在学习中文的人数逾2500万，累计学习和使用中文的人数近2亿。2019年召开的国际中文教育大会和2020年6月成立的教育部中外语言合作与交流中心（简称"语合中心"），是我国国际中文教育转型发展的标志性事件，也是我国国际中文教育顶层设计的两件标志性大事，为国际中文教育的高质量发展提供了组织和制度上的保障，推动我国国际中文教育在质量提升和转型发展上迈出了坚实的步伐，同时作为世界使用人数最多、全球教育规模最大的中文母语国，我国提出的国际中文教育高质量发展理论与实践对世界国际中文教育势必产生积极的影响。

国际中文教育在内容上涵盖将中文作为二语或外语的一切教育教学活动，在组成部分上包括国内的对外汉语教学、国外的中文二语或外语的教学以及华文教育。正是这种与时俱进、高屋建瓴的顶层设计赋予了国际中文教育转型的契机和追求高质量发展的动力。2022年9月国务院学位委员会和教育部发布的《研究生教育学科专业目录（2022）》将原"汉语国际教育"专业学位类别更名为"国际中文教育"专业学位类别（代码0453），增设博士专业学位，标志着国际中文教育本硕博贯通培养体系的正式建成，有助于推动国际中文教育高质量内涵式发展，对国际中文教育事业发展和学科建设意义深远。

国际中文教育事业规模迅速扩大，全球对国际中文教育的需求不断提升，但教育教学现有资源捉襟见肘，早先存在的"三教"（教师、教材和教法）等方面的问题始终未能较好解决，这一系列冲突或矛盾引发人们对国际中文教育质量普遍担忧。

高质量发展需首先解决质量标准及评价的问题。在国际中文教育标准建设方面，我国积极研究与制定国际标准，2021年7月正式实施的《国际中文教育中文水平等级标准》（GF0025-2021）（以下简称《等级标准》）是国际中文教育国际标准制定的一项基础性工程，展示了我国在全球语言治理能力方面取得的成就，巩固了我国在世界国际中文教育的"领跑者"地位，有利于打造我国国际中文教育的全球话语权。但需认识到的是，我国在国际中文教育质量评价研究，特别是科学适用的质量评价指标体系研究方面还落后于时代的迫切需要。大力开展国际中文教育质量建设，促进转型发展，全面提高国际中文教育质量，已成学界和业界正探讨的重要议题之一，国际中文教育事业已进入高质量内涵式发展的新阶段。

国际中文教育质量评价是对国际中文教育全方位全过程的评价，需在微观、中观及宏观等多层次对教育质量进行监测，并从学生、大学和社会等多主体角度进行质量考察。建立科学适用的国际中文教育教学质量管理的评价体系，将有助于以评促建、以评促改，推动国际中文教育走上可持续的高质量内涵式发展道路。

一、国际中文教育质量评价体系构建原则、方法与框架

（一）构建原则

1. 通用性原则

国际中文教育机构主要任务在于中国语言与文化的国际传播，在质量评价体系构建时应充分认识到不同类型机构可能存在诸如国内与国外、国民教育系列与非国民教育系列、学分制与非学分制、公立机构与私立机构等方面的差异，但教育教学等主体部分存在基本一致性，机构运行亦有基本规律可循，因此不同国家及不同类型国际中文教育机构可采用通用的质量评价体系，在体系中可体现不同类型的特色，在进行全球国际中文教育机构质量评价排名时，可考虑按不同类型机构分别列表。

2. 可操作性原则

国际中文教育质量评价涉及机构运行和教育教学的方方面面，在体系创建过程中，需参考其他专业的类似评价体系，参阅相关文献，聚焦主要影响因素，剔除一些次要的指标，化繁为简，抽离出适合国际中文教育质量评价的一、二、三级指标。同时，在体系创建时，需充分考虑到全球国际中文教育机构原始数据采集的实际困难，以网络或公开的信息为主，尽量使用可获得的数据作为评价的支撑，使得质量评价体系具有可操作性。

3. 重点突出原则

如上所述，体系的构建需考虑进行维度和指标的精选，使得评价重点突出，而且作为教育机构，最核心的环节是教育教学过程，目标是人才的培养。在维度及指标的权重方面，切忌平分秋色，需突出重点，经多位专家赋值权重，运用层次分析法，根据维度和指标对质量的影响进行分层权重分配，以确保质量评价体系的科学性。

（二）评价方法

1. 定性与定量相结合

国际中文教育质量评价采用问卷以定量为主，在学生满意度、机构美誉度及教师行政人员访谈将采集定性数据。定性评价易出现主观偏差，定量数据则往往空洞单调，两者的结合会使得评价结果更具有科学性，并能生动反映国际中文教育质量的客观真实情况。同时，定量数据将考虑使用效率，如资源投入，需坚持效率为主的原则。

2. 多元评价

教育是一个复杂系统，涉及国家、社会、教育机构、学生及家庭等多个方面，教育机构、学生/家庭和社会是最核心的利益攸关方，在进行质量评价时，需改变以往单纯由教育行政部门进行的教育质量评价，应实施包括以学生、毕业生用人单位等多方利益相关方为主体的多元评价。同时，鼓励利用社会资源建立第三方评价机制，确保充分考虑各方利益，将学生对机构教育教学等各项服务质量满意度、社会用人单位及专家评价有机结合起来进行全面、综合和客观的评价。

（三）维度构建

基于上述质量评价体系构建原则，结合现在相关文献和专家多轮访谈与讨论结果，本研究构建了一个将4个维度作为一级指标的国际中文教育质量评价指标体系的框架。

1. 理念目标

理念目标是国际中文教育机构对自身创建和运转以及质量审核和调整的"方向盘"，机构规划与发展的纲要，引领着国际中文教育沿着内涵式可持续方向发展。一所高质量的国际中文教育机构应有明晰、成熟的办学思路，其中涵盖办学理念、学生培养目标、教师发展规划及机构办学策略等方面的内容，周密的思考和详细的规划是办学成功的表现。

2. 资源利用

资源利用即传统意义上的人财物的利用。任何事业离不开资源利用，它是事业开创和运转的前提条件，国际中文教育机构也非例外。教育资源包括为教育教学所需的软硬件设施设备及各种必备的办学条件，离开资源，谈教育就成为无源之水。教育资源最核心的是人力资源，它是资源中对产生教育附加值、实施人才培养和实现社会服务功能的最重要的部分。资源投入与利用一般需要注重回报，跟商业行为不同的是，教育资源投入回报具有长期性、间接性和隐藏性等特点。

3. 育人培才

育人培才为教育的宗旨，是国际中文教育质量评价的核心要素，占有非常重要的地位。国际中文教育培育的是政府和社会所需要的通晓中文的复合型创新型人才，其中中文是语言优势，"中文+"使得学生获得学习其他专业或职业技能的机会，是培养复合型人才的有效途径。同时，人才的培养依靠创新发展，国际中文教育的人才创新培养是内涵式可持续发展的必由之路，亦是国际中文教育人才培养的意义之所在。

4. 特色效果

特色效果是办学特色和教育教学效果的合称，前者指不同的国际中文教育机构在办学过程中所形成的自身鲜明的特色，在办学规划、资源利用或人才培养等方面具有的独特之处，正是这种特殊性形成了国际中文教育丰富多样的特点；而国际中文教育的办学效果体现在学生对教育教学过程、教育服务质量等方面满意的程度,反映在国际中文教育毕业生工作的部门对毕业生的满意程度,也显现在机构的校友及社会各界对机构的社会捐赠方面。

二、评价体系内容与实施细则

(一)评价体系内容

将上述 4 个维度作为一级指标,根据概念和内涵的厘定,遵循指标体系构建原则,逐次确定二级和三级指标,并经多位专家进行权重赋分,运用层次分析法对权重进行计算得到每级指标所占权重,评价体系内容及权重如表 6-1:

表 6-1 国际中文教育质量评价指标体系

一级指标		二级指标		二级指标	
内容	权重	内容	权重	内容	权重
理念目标 A1	10%	办学理念 B1	2%	机构办学理念 C1	2%
		发展战略 B2	4%	机构发展战略 C2	4%
		办学目标 B3	4%	人才培养目标 C3	2%
				教师发展计划 C4	2%
资源利用 A2	15%	硬件资源 B4	4%	建筑面积和使用率 C5	2%
				设施设备及图书 C6	2%
		软件资源 B5	11%	组织架构及规章 C7	3%
				人力保障 C8	4%
				资金投入 C9	4%
育人培才 A3	50%	教育教学 B6	30%	层次及规模 C10	6%
				大纲及课程 C11	7%
				教材及教研 C12	7%
				评价与考试 C13	7%
				学术文化活动 C14	3%
		科学研究 B7	14%	论文及引用 C15	8%
				项目及奖项 C16	6%
		国际化 B8	6%	国际交流 C17	3%
				外籍教师 C18	3%

（续表）

一级指标		二级指标		二级指标	
内容	权重	内容	权重	内容	权重
特色效果 A4	25%	特色建设 B9	15%	机构特色 C19	8%
				内容特色 C20	7%
		教学效果氏 B10	10%	满意度及就业情况 C21	7%
				捐赠及美誉度 C22	3%

（二）实施细则

为进一步体现评价原则，具体实施国际中文教育质量评价，根据实际现状，拟定评价体系的操作细则如表 6-2：

表 6-2 国际中文教育质量评价操作细则（拟定稿）

二级指标	操作细则
机构办学理念 C1	共 2 分，具有明确的办学思想或理念 1 分，体现语言沟通和多元文化建设，传播中国文化 1 分。
机构发展战略 C2	共 4 分，机构具有清晰的发展战略 1 分，具备具体的步骤和策略 1 分，有质量保障和提升的战略措施 2 分。
人才培养目标 C3	共 2 分，具有明确的学生培养目标 1 分，有具体的实施方案 1 分。
教师发展计划 C4	共 2 分，有教师发展总体规划 1 分，有具体实施步骤和方法 1 分。
建筑面积和使用率 C5	共 2 分，建筑面积和使用率在参评机构占前 20% 得 2 分，前 50% 得 1 分。
设施设备及图书 C6	共 2 分，设施设备及图书在参评机构占前 20% 得 2 分，前 50% 得 1 分。
组织架构及规章 C7	共 3 分，组织架构健全 1 分；组织规模在参评机构 20% 的得 1 分，前 50% 得 0.5 分；各项规章制度齐全 1 分。
人力保障 C8	共 4 分，师生比及博士教师比在参评机构 20% 得 2 分，前 50% 得 1 分；教师和行政规模 前 20% 得 2 分，前 50% 得 1 分。
资金投入 C9	共 4 分，资金来源及数量在参评机构 20% 得 2 分，前 50% 得 1 分；生均教育经费前 20% 得 2 分，前 50% 得 1 分。
层次及规模 C10	共 6 分，具有招收本硕博 3 分，本硕 2 分，本科 1 分；学生规模在参评机构前 20% 得 3 分，前 50% 得 2 分，其余 1 分。
大纲及课程 C11	共 7 分，开设的每门课均有详细的教学大纲 3 分，开设课程数在参评机构前 20% 得 4 分，前 50% 得 3 分，其余 2 分。

(续表)

二级指标	操作细则
教材及教研 C12	最高 7 分,开发教材 1 门 1 分,最多 7 分;教研层次与数量,国际及全国性 1 次 3 分,省级或市级 2 分,其余 1 分。
评价与考试 C13	共 7 分,出题、阅卷与讲评优秀 5 分,优良 3 分,一般 1 分;设 HSK 考点 5 分,正常组织学生参加 HSK 等考试 2 分。
学术文化活动 C14	共 3 分,经常举办学术讲座活动 2 分,其余 1 分;经常举办文化活动 1 分,其余 0.5 分。
论文及引用 C15	共 8 分,师均论文数及引用量在参评机构前 20% 各得 8 分,前 50% 各得 6 分,前 70% 各得 4 分。
项目及奖项 C16	共 6 分,项目及奖项在参评机构前 20% 得 6 分,前 50% 得 4 分,其中国家级项目及奖项每项各加 2 分,省部级 1 分。
国际交流 C17	共 3 分,留学生及出国交流学生占比在参评机构前 20% 各得 3 分,前 50% 各得 2 分。
外籍教师 C18	共 3 分,外籍教师占比在参评机构前 20% 得 3 分,前 50% 得 2 分。
机构特色 C19	共 8 分,机构获国家奖项每次 4 分,省部级(或国外相当于省部级)奖项每次 2 分,累计积分不超过 8 分。
内容特色 C20	共 7 分,极具办学特色,具有世界影响的 4 分,办学特色在国内具有较大影响的 2 分;举办具有世界影响的大型学术文化活动每次 3 分,举办国内的大型学术文化活动每次 2 分,累计积分不超过 7 分。
满意度及就业情况 C21	共 7 分,学生满意度在参评机构前 20% 得 6 分,前 50% 得 4 分,前 70% 得 2 分;就业情况良好得 1 分,一般 0.5 分。
捐赠及美誉度 C22	共 3 分,受捐赠情况良好 1 分,一般 0.5 分;社会对机构美誉度良好 2 分,一般 1 分。

三、评价体系特点

上述国际中文教育质量评价的三级指标及实施细则涵盖了国际中文教育管理及教育教学过程主要方面,突出了其教育教学的重点,该体系主要特点如下:

1. 聚焦核心内容

中文教学和文化传播是国际中文教育的核心内容,对核心内容的考核是国际中文教育质量评价的重心,是对国际中文教育语言教学质量观和文化传播质量观的具体落实,这两个核心内容涵盖在体系框架每个维度之中。中国作为中文的发源国和母语国,拥有全球中文使用者最多,随着中国的国际地位和影响力不断增强,中文地位也得到很大提升,中国出台的国际中文教育质量评价指标体系应体现这一思想,突出中国语言和文化的传播质量，让世界不仅学到学好中文，而且了解中国的历史和传统文化，更重要的是全面立体了解当今真实的中国，聆听中国真实故事，形成对中国的正面形象，消除西方媒体舆论中对中国存在的刻板印象和歪曲报道。

2. 重视人才培养

国际中文教育的最终目的是人才的培养，其质量评价体系必须围绕培养人才的质量。国际中文教育机构通过自身的教育教学活动，通过完成科研任务以及各种学术及文化活动，来塑造社会所需要的既精通中文，又掌握其他专业知识和技能，具有国际视野的创新型全面发展的人才，在未来就业市场及个人事业生涯中大展宏图。评价体系4个维度中有3个维度对人才培养予以直接的反映，其中"理念目标"维度强调国际中文教育需设置人才培养的目标，制定具体实施的方案；育人培才维度则是通过教育教学活动体现人才培养的全过程，并赋以较高的权重分值；特色效果维度是从人才培养的"出口端"及人才培养的效果来评判人才培养的质量和毕业生受社会用人单位的欢迎程度。

3. 关注特色建设

国际中文教育质量评价在保证语言教学和文化传播质量衡量标准前提之下，鼓励不同机构增强自身的特色建设，建设各具特色、各美其美、美美与共的国际中文教育大家庭和丰富和谐的系统，比如一些大学在中国传统文化教学和中国学研究上颇具优势，一些大学经常举办有关中国文化和当今中国发展的学术讲座或文化沙龙，还有一些大学编撰了深受师生喜爱的本土化中文教材，常年举办本土中文教师培训班，等等。特色建设贡献了多样性，克服了办学同质化的问题，丰富了国际中文教育办学的成功经验，进一步扩大了国际中文教育在全球的吸引力和影响力。

4. 实行多元评价

国际中文教育关乎学生/家庭、办学机构、社会及国家等多个利益攸关方，仅以教育行政主管部门或教育机构为主体进行教育质量评价，常以教育行政者或教师的自身角度看教育质量，忽视其他利益攸关方的利益，这种评价会有失公允，而多元视角能给予评价相对科学和公正的机遇，能综合并平衡各利益攸关方的观点。上述评价体系中的三级指标 C_{21} "满意度及就业情况"，充分体现了学生对教育教学质量的反馈及满意程度，反映了毕业生受社会接纳的情况，其质量受用人单位青睐的程度；另一个三级指标 C_{22} "捐赠及美誉度"，则反映的是社会对国际中文教育机构质量的认可情况，"以生为本"、质量上乘、服务至臻的教育机构常常吸引毕业生或校友慷慨解囊捐资助学，获得毕业生、家长及社会各界赞誉。

新时代国际中文教育无论是从学科角度还是从事业角度都呈方兴未艾之势，新时代呼唤着国际中文教育高质量内涵式发展，各种国际中文教育教学标准相继出台，国际中文教育质量评价指标体系建立实施将成为国际中文教育发展的"助推器"，为实现这一目标提供强大动力。为保证公平性和科学性，应采用质量多元评价，在对国际中文教育机构评价时兼听各利益相关方的声音。在国际中文教育评价体系相对匮乏，评价活动鲜有的情形下，应鼓励并扶持不同机构实施评价，形成由第三方中介机构参与、行业协会主导的国际中文教育质量评价机制，构成质量多元评价的立体网。同时，任何评价体系都需实践检验和完善，本研究所构建的国际中文教育质量评价指标体系亦然，需在国际中文教育评价实践中不断得到检验、修正和完善。

本研究的国际中文教育评价体系侧重定量地审视国际中文教育质量，由此得到的数据毋庸置疑能反映出国际中文教育机构的质量特征，但定量数据常显得枯燥乏味，要让数据变得更具感染力和说服力，更能反映国际中文教育机构办学及教育教学全过程的生动细节，必须使用定性方法进行研究。通过实地考察、档案查阅、文献研读、网页浏览、邮件咨询、访谈调查等方法，获得国际中文教育机构运行、教育教学、办学特色和效果等方面的丰富的第一手定性资料，这些资料经过使用定性研究分析工具进行科学分析和处理之后，得出定性研究的结论，这将有助于丰富定量研究的数据结果，成为定量研究的有效补充，会有助于对定量数据结果的"深描"，达到定量研究无法企及的宽度、广度和深度。

质量评价的目的是大力提升质量，真正实现国际中文教育的高质量发展，国际中文教育机构自身应建立完善的质量保障机制，以使质量保障成为其质量提升的内驱力。国际中文教育应在办学理念、发展战略、人才培养、资源利用、教育教学、学生服务、特色建设等方面充分体现质量保障意识，切实制定质量保障政策和措施，实行内部质量审核制度和外部质量评价整改制度，把以评促建、以评促改、以评促竞及评监结合的教育教学改革初衷落到实处细处，成为国际中文教育实施高质量内涵式发展的实际行动。

参考文献

[1] 陈学广. 汉语国际教育专业建设与教学研究 [M]. 南京：东南大学出版社, 2020.

[2] 傅其林, 邓时忠, 甘瑞瑗. 汉语国际教育导论 [M]. 重庆：重庆大学出版社, 2015.

[3] 郭鹏, 赵菁. 汉语国际教育研究 [M]. 北京：北京语言学院出版社, 2008.

[4] 何建作. 高校汉语国际教育探索 [M]. 吉林：吉林人民出版社有限责任公司, 2021.

[5] 姜明宝, 李孚嘉. 汉语国际教育人才的精细化培养 [M]. 北京：北京语言大学出版社, 2018.

[6] 柯雯靖. "国际汉语教育研究"丛书 复杂动态理论下的国际汉语教师能力研究 [M]. 厦门：厦门大学出版社, 2019.

[7] 李东伟. 汉语国际教育硕士人才培养现状与优化研究 [M]. 北京：中央民族大学出版社, 2019.

[8] 李睿, 冷冰雪, 王锐. 跨文化视域下汉语国际教育研究 [M]. 哈尔滨：哈尔滨出版社股份有限公司, 2020.

[9] 刘继红. 汉语国际教育视域下的跨文化传播 [M]. 上海：中西书局, 2020.

[10] 刘谦功. 汉语国际教育导论 [M]. 北京：世界图书北京出版公司, 2012.

[11] 刘顺. 国际汉语教育背景下的汉语研究与教学 [M]. 广州：世界图书出版公司, 2012.

[12] 刘运同. 会话分析与汉语国际教育 [M]. 上海：同济大学出版社, 2020.

[13] 施春宏. 国际中文教育理论与实践 汉语教学理论探索 [M]. 北京：商务印书馆有限公司, 2021.

[14] 王立新, 冉启斌. 汉语国际教育本科专业学科建设论 [M]. 天津：南开大学出版社, 2016.

[15] 王丕承. 汉语国际教育师资格培养理论和实践问题研究 [M]. 北京：中国书籍出版社, 2018.

[16] 王小穹. 汉语语法研究与国际教育传播 [M]. 武汉：武汉大学出版社, 2021.

[17] 吴莉. 传播学视阈内的汉语国际教育研究 [M]. 长春：东北师范大学出版社, 2018.

［18］邢清清.孔子学院本土化视角下汉语国际教育专业硕士人才培养研究[M].北京：北京理工大学出版社，2019.

［19］徐宝妹.汉语国际教育创新型人才培养论集[M].上海：上海人民出版社，2011.

［20］姚喜明，张丹华."一带一路"背景下的汉语国际教育[M].上海:上海大学出版社，2019.

［21］原一川.汉语国际教育学习与教学动机和策略研究[M].昆明：云南大学出版社，2015.

［22］张高翔.汉语国际教育调查与研究[M].昆明：云南大学出版社，2013.

［23］张西平.国际汉语教育史研究[M].北京：商务印书馆，2014.

［24］张艳莉.汉语国际教育案例分析与点评[M].上海：上海外语教育出版社，2019.

［25］赵成平.变革中的国际汉语教育 第四届汉语国别化教材国际研讨会论文集[M].重庆：重庆大学出版社，2015.

［26］赵菁，刘现强.汉语国际教育背景下的普通话教学研究[M].北京：北京语言大学出版社，2018.

［27］周小兵，孟柱亿.国际汉语教育 教学资源与汉韩对比[M].广州：中山大学出版社，2014.